21세기 제롬 성경 주해 30

주제별 논문

성경의 영감
여성주의 성경 해석

The Jerome Biblical Commentary for the Twenty-First Century, Third Fully Revised Edition
— *The Bible as Sacred Scripture* and *Feminist Biblical Interpretation*
by Denis Farkasfalvy, O.Cist. and Barbara E. Reid, O.P.

21세기 제롬 성경 주해 **30**

성경의 영감 · 여성주의 성경 해석

서울대교구 인가: 2025년 5월 23일
초판 1쇄 펴낸날: 2026년 2월 3일

지은이: 데니스 파르카스팔비 O.Cist. / 바바라 E. 레이드 O.P.
옮긴이: 윤성희
펴낸이: 나현오
펴낸곳: 성서와함께

주소: 06910 서울특별시 동작구 흑석로13길 7
전화: (02) 822-0125~7/ 팩스: (02) 822-0128
인터넷서점: http://www.withbible.com
전자우편: order@withbible.com
등록번호 14-44(1987년 11월 25일)

ISBN 978-89-7635-462-4 94230
978-89-7635-920-9 (세트)

21세기 제롬 성경 주해 30

성경의 영감
여성주의 성경 해석

데니스 파르카스팔비 O.Cist. / 바바라 E. 레이드 O.P. 지음
윤성희 옮김

성서와함께

서문

The Holy See

“그때에 예수님께서는 그들의 마음을 여시어 성경을 깨닫게 해 주셨다”(루카 24,45). 이는 부활하신 주님께서 승천하기 전에 행하신 마지막 행위 중 하나였습니다. 예수님께서는 제자들 앞에 나타나시어 빵을 떼어 나누고, 그들의 마음을 열어 성경을 깨닫게 하셨습니다. 그리고 두려움과 당혹감에 휩싸인 제자들에게 파스카 신비의 의미를 밝히셨습니다. 성부의 영원한 계획에 따라, 예수님은 인간의 회개와 죄의 용서를 가져오기 위해 고난을 받고, 죽은 이들 가운데서 살아나셔야 했습니다(루카 24,26.46-47 참조). 그런 다음, 이 구원의 신비를 증언할 힘을 주실 성령을 보내 주겠다고 약속하셨습니다(루카 24,49 참조).

부활하신 주님과 믿는 이들의 공동체 그리고 성경의 관계는 그리스도인인 우리 정체성의 본질을 이룹니다. 마음을 열어 주시는 주님 없이는 성경을 깊이 이해할 수 없습니다. 그 반대도 마찬가지입니다. 성경이 없다면 예수님이 세상에 파견된 사건과 교회의 사명은 여전히 이해할 수 없는 채로 남았을 것입니다. 그러므로 예로니모 성인은 “성경을 모르는 이는 그리스도를 모르는 이”(《이사야서 주해》, 서론: PL 24,17B)라고 옳게 주장할 수 있었습니다.

요즘 그리스도교 공동체에서는 매일의 삶을 위해 대단히 중요한 하느님 말씀을 묵상하는 시간을 따로 마련하는 경우가 흔합니다. 지역 교회들은 신자들이 주님의 은총에 감사하고, 성경에 더 쉽게 접근하며, 매일 성경 속 가르침을 구현하고 증언하도록 돕기 위해 적극적으로 나서고 있습니다. 전 세계 가톨릭 학자들이 모여 만든《제롬 성경 주해*Jerome Biblical Commentary*》개정판은 교회에서 일고 있는 이 중요한 움직임을 더 분명하게 입증합니다.

끊임없이 다시 읽고 새길 만한 가치가 있는 문헌인, 제2차 바티칸 공의회 계시 헌장 〈하느님의 말씀*Dei Verbum*〉은 우리가 하느님의 말씀을 재발견하도록 큰 자극을 주었습니다. 그 헌장은 성경의 본질로서 대대로 전해 오는 하느님의 계시(제2장)와 성경의 영감(제3장)을 자세히 설명하고, 구약성경·신약성경(제4-5장)과 교회 생활을 위한 성경의 중요성도 아우릅니다(제6장). 교황 베네딕토 16세는 이 가르침을 발전시키기 위해 '교회의 삶과 사명 안에서 하느님 말씀'이라는 주제로 2008년에 세계주교대의원회의 정기총회를 소집하였고, 〈주님의 말씀*Verbum Domini*〉이라는 후속 교황 권고를 발표했습니다. 그 가르침은 우리 공동체의 토대로 남아 있습니다. 이 권고는 하느님 말씀의 수행적 성격을 각별히 강조하는데, 특히 전례의 맥락에서 그 말씀 특유의 성사적 성격이 두드러집니다.

그러므로 우리 하느님 백성의 삶은 당신의 신부가 사랑 속에서 성장하여 충실한 증인이 되도록, 지칠 줄 모르고 일러 주시는 주님 곧 살아 있는 말씀과 맺는 이 결정적 관계로 인해 끊임없이 드러난다는 말이 맞습니다. 그

살아 있는 말씀을 통해 우리는 유다인들과의 유대를 강화하고, 그리스도인의 일치를 위해 기도할 것을 격려받습니다.

이스라엘 백성이 바빌론 유배에서 고향으로 돌아왔다는 것은 율법서를 공개적으로 봉독한 일에서 결정적으로 드러납니다. 느헤미야기에서는 그 순간을 감동적으로 묘사합니다. 백성은 율법을 듣기 위해 '물 문' 앞 광장에 모였습니다. 그들은 유배 중에 흩어졌지만, 이제는 성경 주위에 '한 사람'처럼 모여 있음을 발견했습니다(느헤 8,1). 백성은 성경에 '귀를 기울이며'(느헤 8,3), 성경 말씀에서 그들이 살아온 경험의 의미를 발견하게 될 것임을 깨달았습니다. 선포를 들은 사람들은 큰 감동과 눈물을 보였습니다. "(레위인들은) 그 책, 곧 하느님의 율법을 번역하고 설명하면서 읽어 주었다. 그래서 백성은 읽어 준 것을 알아들을 수 있었다. 느헤미야 총독과 율법학자며 사제인 에즈라와 백성을 가르치던 레위인들이 온 백성에게 타일렀다. '오늘은 주 여러분의 하느님께 거룩한 날이니, 슬퍼하지도 울지도 마십시오.' 율법의 말씀을 들으면서 온 백성이 울었기 때문이다. 에즈라가 다시 그들에게 말하였다. '가서 맛있는 음식을 먹고 단 술을 마시십시오. 오늘은 우리 주님께 거룩한 날이니, 미처 마련하지 못한 이에게는 그의 몫을 보내 주십시오. 주님께서 베푸시는 기쁨이 바로 여러분의 힘이니, 서러워하지들 마십시오'"(느헤 8,8-10). 이 말씀은 위대한 가르침을 담고 있습니다. 성경은 몇몇 특권층을 위한 모음집이 아닐뿐더러, 어떤 이들의 유산도 될 수 없습니다. 무엇보다도 먼저 말씀의 메시지를 듣고 그 말씀 안에서 자신을 인식하도록 부르심 받은 사람들의 것입니다. 때로는 특정 집단이나 선택된 무리가 성경을 독점하려는 움직임이 있기도 하겠지만, 그럴 수는 없습니다. 성경은 주님을 따르는 이들의 책입니다. 그들은 성경 말씀을 들으면서, 흩어짐과 분열에서 떠나 일치를 향해 나아갑니다. 하느님의 말씀은 신자들을 하나로 묶고 한 백성으로 만듭니다.

그것이 바로 이 성경 주해서에 나타난 학문 유형인, 신앙 공동체를 위해 봉사하는 성경 연구의 중요성이며 사명입니다. 하느님의 백성에게 하느님 말씀을 여는 사목은 거룩한 책무로 진지한 연구와 깊은 사랑, 그리고 성경의 아름다움과 힘에 대한 열린 자세를 요청합니다. 권고 〈복음의 기쁨*Evangelii Gaudium*〉에서 믿음의 정신으로 수행되는 성경 연구와 해석의 소명에 대해 말한 바 있습니다. 복음을 전하겠다는 결심을 불러일으키는 최선의 동기는, 복음을 사랑으로 관상하고 조금씩 찬찬히 마음으로 읽는 것입니다. 이러한 방식으로 복음을 가까이할 때, 우리는 복음의 아름다움에 놀라고, 복음을 읽을 때마다 거듭 매료됩니다. 그러므로 우리는 관상의 정신을 빨리 되찾아야 합니다. 관상은 날마다 우리에게 보화가 맡겨져 있다는 것을 새롭게 깨닫도록 해 줍니다. 이 보화는 우리를 더욱 인간답게 만들고 새로운 삶을 살도록 도와줍니다. 우리가 다른 이들에게 전해 줄 수 있는 것 가운데 이보다 더 소중한 것은 없습니다(〈복음의 기쁨〉, 264항).

프란치스코 교황

Franciscus

《21세기 제롬 성경 주해》는 가톨릭 학자들로 구성된 국제적인 팀이 펴낸 주해서이다. 성경 전체를 다루고 있는 이 한 권의 책은 성경을 공부하려는 학생, 성직자, 수도자, 사목자, 교사, 그리고 오늘날 세계에서 성경의 본질과 의미를 탐구하려는 평신도 등 광범위한 독자층에게 로마 가톨릭의 관점에서 성경에 대한 심도 있는 분석과 해석을 제공하려는 목적으로 출간되었다. 자신의 영적 자양분의 원천으로서 성경을 공부하고 성찰하는 사람, 성경 본문의 의미를 다른 사람들과 나누기 위해서 한층 더 깊은 이해를 추구하는 강론자나 교사, 성경을 심도 있게 탐구하려는 성경 공부 그룹의 봉사자와 그룹원들이 이 책을 신뢰하여 출전으로 활용하기 바란다.

이 책은 1968년에 *The Jerome Biblical Commentary*로 처음 출간되었고, 1990년에 전면 개정된 *The New Jerome Biblical Commentary*에 이어 세 번째 세대로 출간되었다. 오늘 우리가 이 특별한 가톨릭 자료를 다시 한번 선보이게 된 것은 대단한 영광이다. 이번에는 개정판이 아니라 완전히 새롭게 구성하였으므로 우리는 이 책의 표제를 대담하게도 《21세기 제롬 성경 주해*The Jerome Biblical Commentary for the Twenty-First Century*》라고 제안한다.

I. 가톨릭 성경의 쇄신

초판은 로마 가톨릭교회 성경 연구의 중요한 전환점에 등장하였다. 성경은 교리, 전례, 대중 신심, 예술과 문학에 반영되어 교회 생활에서 항상 고유하고 규범적인 역할을 해 왔다. 그러나 종교 개혁 시기에, 로마 가톨릭교회는 대중이 성경을 사용하는 데 다소 방어적인 태도를 취했다. 종교 개혁가들은 부패한 중세 교회를 비판하며, 활기찬 교회를 위한 본래의 영감을 회복하기 위해 성경으로 되돌아갔다. 진정한 그리스도인의 삶을 위한 단 하나의 규범으로 제시된 "오직 성경sola Scriptura"이라는 구호는, 가톨릭 지도자들에게는 교도권에 대한 도전으로 받아들여졌다. 가톨릭 신자들은 교회의 전통과 공식 가르침에서 벗어날 수 있는 성경에 대한 '사적 해석'을 시도하지 말라고 경고받았다.

이런 방어적인 태도는 19세기 말에 이르러 강화되었다. 그 당시 계몽주의의 흐름 속에 나타난 경험주의와 역사적 탐구의 영향력이 커졌고, 그런 경향이 성경 연구에도 적용되었다. 특히 18-19세기 유럽의 일부 학자들은 초월자에 대한 여지를 남겨 놓지 않은 채, 성경을 주로 흥미롭고 영향력 있는 역사적·문화적 유물로 여기는 관점에서 접근했다. 이런 자세로 인해 로마 가톨릭교회의 지도자들은 학문적 성경 연구의 역사적 방법론을 전반적으로 의심했고, 그런 방법이 성경 기록의 종교적이면서도 거룩한 특성에 대한 올바른 이해를 위협한다고 해석했다. 이 의심은 19세기 말과 20세기 초에 절정에 달했다. 가톨릭 성경 연구에 먹구름이 드리웠고, 많은 학자의 연구가 금지되거나 검열을 받았다. 대표적인 예가 1890년 예루살렘에 그 유명한 예루살렘 성서대학을 세운, 프랑스 도미니코회의 마리 조제프 라그랑주Marie-Joseph Lagrange 신부(1855-1938)이다. 그의 깊은 가톨릭 신앙과 교회에 대한 충성심이 결국에는 비판자들을 누그러트렸으나, 라그랑주 신부가 학자로서 추진한 많은 계획은 의심의 눈초리를 받았고, 그와 동료들은 결과적으로 고통을 겪었다.

성서학에 대한 가톨릭의 공식 입장은, 종종 현대 가톨릭 성서학의 대헌장Magna Carta으로 간주되는 1943년 비오 12세의 회칙 〈성령의 영감*Divino Afflante Spiritu*〉으로 극적인 변화를 맞는다. 교황의 고해 사제이자 영적 안내자이며 존경받는 성서학자였던 아우구스틴 베아 추기경(예수회)의 긍정적인 영향 아래, 교황은 역사적 탐구 방법의 적절한 사용을 허용하는 등 가톨릭 성서학의 쇄신을 장려했다. 그리하여 성경에 대한 교회의 인식과 교회 안에서의 성경의 역할에 놀랄 만한 변화의 길을 열었다. 교황의 이 회칙은 성경 연구로 전향하여 세계 유수의 대학에서 교육을 받고 교회 생활에 봉사할 준비가 된, 새로운 세대의 가톨릭 학자들을 고무했다. 또한 〈성령의 영감〉은 제2차 바티칸 공의회(1962-1965)의 개혁으로 나아갈 길을 닦았으며, 공의회의 주요한 헌장인 하느님의 계시에 관한 교의 헌장 곧 〈하느님의 말씀*Dei Verbum*〉에서 성경 연구를 강력히 지지하도록 자극했다. 성경에 대한 관심은 또한 제2차 바티칸 공의회 교령들의 정신과 내용을 특징지었다. (가톨릭교회의 역사에서 큰 주목을 받는 이 시기에 대한 상세한 설명은 이 책의 여러 본문에서 찾을 수 있다. 프랭크 마테라의 "교회 생활에서의 성경The Bible in the Life of the Church", 버나드 맥긴과 수잔 E. 슈라이너의 "성경 말씀대로: 1600년까지의 성경 해석According to the Scriptures: Biblical Interpretation prior to 1600", 도널드 시니어의 "성경 해석: 교회와 근현대 가톨릭의 성경 쇄신Interpreting the Scriptures: The Church and the Modern Catholic Biblical Renewal", 그리

고 로널드 위더럽의 "공관복음 입문Introduction to the Synoptic Gospels" 등)

《제롬 성경 주해*JBC*》 초판은 이와 같은 가톨릭 성경 쇄신에서 직접 거둔 성과였다. 초판은 1968년에 출간되었는데, 공의회 폐막(1965년 가을) 후 얼마 지나지 않아서였다. 최초 편집자들 — 레이먼드 브라운, 조셉 피츠마이어, 롤랜드 머피 — 은, 특히 영어권 국가에서 가톨릭 성경 운동을 주도했던 미국 가톨릭 성서학자들의 '황금 세대' 중에서도 중요한 인물이었다. 그들은 각자 비오 12세의 회칙으로 촉발된 격동의 시기에 성서학자의 삶을 시작했으며, 주요 대학들(존스 홉킨스, 미국 가톨릭대학교, 교황청립 성서대학 등)에서 만반의 준비를 했고, 당연히 숱한 책을 썼으며, 존경받는 성서학자가 되었다.

당시 영어권 국가에서 아마도 가장 존경받는 가톨릭 성서학자였을 술피스회 레이먼드 브라운(1928-1998)은 독창적인 발상을 품고 있었다. 그것은 성경 각 권에 대한 포괄적인 주해와 더불어, 가톨릭의 관점에서 성경 본문의 해석과 역사에 관련된 사안들을 조사하는 여러 주제 글을 통해 가톨릭 성서학의 발전상을 입증하려는 시도였다. 브라운은 많은 저서를 쓴 걸출한 두 학자, 조셉 피츠마이어(1920-2016, 예수회)와 롤랜드 머피(1917-2002, 가르멜회)를 초대하여 편집팀으로 함께 일하였고, 그들은 또 다른 가톨릭 학자들을 모았다. 그리하여 이 작품은 삽시간에 가톨릭 신자들뿐 아니라 폭넓은 그리스도교 독자들에게 권위 있는 자원resource으로 자리매김되었다. 후일 《제롬 성경 주해*JBC*》의 탄생을 되돌아보며, 조셉 피츠마이어는 이 책이 로마 가톨릭을 넘어 폭넓은 독자를 위해 만들어졌음을 시사하기 위해 "The *Jerome*

Biblical Commentary"라고 부르자고 제안했다고 밝혔다. 《제롬 성경 주해*JBC*》의 성공으로 교회 생활을 위한 성경 비평 연구의 가치를 입증했으니 이는 한 세대의 학자들과 교회 지도자들이 애쓴 노력의 결과였다.

II. 교회 생활의 새로운 국면

《제롬 성경 주해*JBC*》 초판이 나온 지 50년이 넘은 지금, 가톨릭교회와 가톨릭 성서학은 새로운 국면을 맞이하고 있다. 2009년, 앞선 두 판의 편집자 가운데 유일한 생존자인 조셉 피츠마이어는 후임자들이 "이 책의 새로운 판을 내기 위한 기획을 시작해야 한다"라며 희망을 표현했다. 바로 그 바람이 여기서 착수된 것이다. 성경을 해석하는 데 역사비평 및 문학적 방법이 타당하다는 인식은 확고히 수용되고 있으며, 계시 헌장 〈하느님의 말씀〉(1965)을 시작으로 교회의 공식 문서들에 일관되게 반영되고 있다. 이는 교황청 성서위원회가 작성한 가톨릭 성경 해석에 대한 주요한 문서를 비롯하여, 가장 최근에는 세계주교대의원회의 이후 나온 교황 베네딕토 16세의 권고 〈주님의 말씀*Verbum Domini*〉(2010)에서 계속된다. 역사비평 연구의 정당성을 둘러싼 이전의 투쟁은 잠잠해졌지만, 성경을 교회의 생활과 사고에 완전히 통합하려는 도전은 계속되고 있다. 예를 들어, 프란치스코 교황은 권고 〈복음의 기쁨*Evangelii Gaudium*〉(2013)에서 사제와 부제들에게 성경의 풍요로움을 사용하여 강론에 활력을 불어넣을 것을 상세히 촉구한다(135-159항 참조). 2013년, 미국 주교회의는 강론에 활력을 불어넣기 위한 성경 연구와 성찰의 필요성을 자세히 설명한 〈신앙의 신비를 전하기: 주일 강론*Preaching the Mystery of Faith: The Sunday Homily*〉라는 지침을 발표했다. 교회의 공식 선언과 가톨릭 신학, 윤리학, 영성 등에서 건전한 성서학은 여전히 활용되고 있다.

한편 성서학에서 기본 방법론의 활용이 인정되면서, 성경 해석에 적절한 방법론의 범위가 확장되었다. 성경 해석은 본래의 역사적 맥락이나 성경 저자의 추정된 의도에만 주목하는 것으로는 충분치 않다. 현대 학문은 저술 당시의 역사적 맥락을 넘어 자체의 생명을 지닌 문학 본문들의 역학과 특성을 좀 더 인식하고 있다. 본문과 독자 사이의 핵심적인 관계를 인식하게 되면서, 해석자가 성경 본문을 읽을 때 함께 끌고 들어오는 사회적·정치적·문화적 상황과 추정에 많은 관심을 기울이게 되었다. 예를 들어, 〈성령의 영감〉 발표 50주년을 기념하는 교황청 성서위원회의 1993년 문헌인 〈교회 안의 성서 해석*The Interpretation of the Bible in the Church*〉은 역사비평 방법을 강력하게 지지하는데, 그리하여 반反역사적이고 이데올로기적이어서 받아들일 수 없는 근본주의 접근법으로 사료되는 것과 날카로운 대조를 이룬다. 그러나 이어서 본문은 역사비평을 넘어서는 정당하고 상호 보완적인 다른 접근법들을 인용한다. 예를 들면, '수사학 분석', '내러티브 분석', '기호학 분석', '정경 접근', 그리고 사회학 · 문화인류학 · 심리학 · 해방주의 · 여성주의 방법론을 이용한 접근법들이다.

성경 해석 방법의 다양성은 전 세계에 걸친 교회 자체의 다양성에 대한 더 분명해진 인식을 반영한다. 공의회가 남반구·북미·유럽에서 교회의 성장을 목격한 이래로 다양한 민족과 인종 공동체의 목소리가 더 커지고 있다. 따라서 더 많은 평신도와 더 많은 여성, 다양한 국적의 사람들과 소수자의 목소리를 더욱 많이 대변하며 가톨릭 성서학자들의 앙상블도 점점 다양해졌다. 이 다양한 저자와 방법론의 사용은 《제롬 성경 주해*JBC*》의 새로운 판인 이 책에서 명확하게 나타나며, 또한 이 책을 펴내는 데 중요한 동기가 되었다. 1990년 판에 포함된 저자가 주로 사제와 수도자였던 반면, 새로운 판의 저자 중 거의 절반은 평신도 여성과 남성이다. 이전 판에는 참여한 저자 가운데 여성이 9명이었지만, 이번 판에는 35명이다. 또한 여러 국제 학자들의 대표를 포함하여, 이번 판 저자들의 민족 배경도 극적으로 확장되었다.

III. 왜 가톨릭 자료인가?

현대 성서학에서 눈에 띄는 특징 중 하나는 교회일치적 성격이 짙다는 점이다. 개신교, 정교회, 가톨릭의 간행물은 가톨릭과 개신교의 신학교, 그리고 신학대학에서 성경 교과의 참고 문헌으로 높이 평가된다. 가톨릭과 개신교는 '성서학회Society of Biblical Literature'와 '신약성경학회Society for New Testament Studies'처럼 교파적으로 중립적이고 전문적인 학회뿐만 아니라, 명시적으로 '미국가톨릭성서협회Catholic Biblical Association of America'라고 고백하는 기관에서도 회원 자격을 공유하고 있다. 개신교와 정교회 학자들은 로마 가톨릭 학자들과 함께 협회에서 공식적인 직위를 맡고, 편집 위원회에서 활동하며, 공식 기관지인 〈계간 가톨릭 성경*The Catholic Biblical Quarterly*〉에 기고한다. 이와 같은 현상은 구약성경과 초기 그리스도교의 유다교적 맥락을 이해하는 데 기여하는 글을 쓰는 유다인 학자들뿐 아니라, 신약성경의 해석 자체를 전문으로 연구하는 유다인 학자들이 증가하고 있다는 사실에서도 볼 수 있다.

그렇지만 우리는, 가톨릭 성서학의 산물로서 이러한 주해 자료를 제공하는 일에 여전히 가치가 있다고 믿는다. 이전 두 판에서 우려했던 바는, 이 선택이 혹여 개신교나 유다교의 성서학에 대한 거부나 의심으로 보이지 않을까 하는 것이었다. 오히려 우리는 가톨릭 안팎의 동료들에게 성경 해석에 대한 가톨릭의 접근법을 특징짓는 고유한 관점들을 제공하고자 한다. 이러한 특성 중 상당 부분이 특히 주류 개신교나 정교회와 공유된다 해도, 가톨릭의 성경 해석은 궁극적으로 가톨릭 신앙 공동체에 책임이 있으며, 가톨릭 전례, 영성 그리고 교회론의 특징적이고 본질적인 역할에 대한 관심을 반영해야 한다. 〈하느님의 말씀*Dei Verbum*〉과 제2차 바티칸 공의회에서 정립된 바에 따르면 성경과 성전은 둘이 함께 유일한 하느님의 말씀이 지니는 진리, 아름다움, 힘을 표현한다. 프란치스코 교황이 특별히 옹호한 '대화의 정신'에 따라, 우리가 제공하는 가톨릭 성서학의 이 집합체는 전 세계 가톨릭 공동체뿐만 아니라, 다른 공동체의 그리스도인 형제자매들에게도 자원으로서 기여한다.

IV. 새로운 제롬 성경 주해의 구성 방식

앞에서 말했듯이, 우리는 이 책도 이전의 책들과 마찬가지로 강론과 사목 그리고 영적 묵상에서 성경이 갖는 의미를 많은 사람에게 전해 주기를 바란다. 또한 독자가 성경의 메시지를 밝히는 데 도움이 되는 역사적 배경을 진지하게 알게 되기를 바란다. 게다가 우리는 신뢰할 수 있는 성경 해석의 다양한 방법과 수단에도 주목한다.

따라서 이 단권의 책 안에, 독자들이 이용할 수 있는 다양한 유형의 자료들을 담았다.

1. 성경 각 권에 대한 주해

제목이 가리키듯이, 이 자료집의 핵심은 정경의 순서에 따라 배열된 성경 각 권에 대한 주해이다(성경의 순서는 각 권이 쓰인 연대순과 항상 같지 않을 수 있다. 예를 들면, 마르코복음은 복음서 중 최초로 쓰였다고 여겨지지만, 정경 안에서는 마태오복음 뒤에 위치한다). 저명한 가톨릭 학자들이 성경 각 권을 소개하고, 본문의 순서에 따라 주해를 제공한다. 최신판의 이러한 주해 형식은 이전 판들과는 다소 다르다. 이번 책의 저자들은 성경의 구절 별로 주해를 달기보다는 성경 각 권에서 일관된 단락들을 하나씩 설명함으로써, 그 의미의 흐름을 이해하도록 도와준다. 성경의 한 절이나 단어 또는 구절이 보다 집중된 주해를 요하면, 저자들은 주저 없이 이에 대해 논한다. 각 주해는 성경 각 권의 내용을 짧게 소개하고 추가 연구를 위해 엄선된 참고 문헌을 제시한다.

2. 성경의 주요 부문에 대한 입문

독자에게 성경 주요 부문의 내용과 특성을 정리하여 알려 주는 입문이 마련되어 있다. 구약성경에는 오경, 역사서, 지혜서, 예언서에 대한 입문이 붙어 있다. 마찬가지로 신약성경에는 공관복음서, 요한계 문헌, 서간들, 나머지 신약성경에 대한 개요가 따로 있다.

3. 주제별 논문

새로운 제롬 성경 주해는 성경 본문은 물론 강론과 사목 현장과 영적 묵상에 열려 있는 동시에, 독자가 현대의 학문적 성과의 최고 수준에 부합하는 성경 주해 방법과 절차를 진지하게 익히기를 바란다. 따라서 이 책의 풍부한 특징 중 하나는, 구체적 쟁점을 다룬 22편의 심도 있는 주제별 논문이다. 각 논문은 독자가 성경 자체에 대한 이해와, 교회 생활 안에서 성경이 수용되고 해석된 역사를 깊이 이해할 수 있는 정보를 제공한다. 주제별 논문 중에서 한 부류는 주로 역사적 경향을 띤다. 즉, 이스라엘의 역사, 유다교의 역사, 역사적 맥락에서 예수의 역사, 초대 교회 출현의 역사와 함께, 구약성경과 신약성경의 고고학에 대해 살펴본다.

또 다른 부류는 수 세기에 걸친 성경 해석의 역사를 다룬다. 먼저 성경의 의미를 탐구하는 다양한 전통적 방법을 추적하는데 초대 교회, 교부 및 중세 시대에 이어, 계몽주의와 종교 개혁의 영향에 대해 다룬다. 또 다른 글들은 종교 개혁에 대한 가톨릭교회의 대응과 근대 역사적 접근 방식의 성경 해석에 대해 교회가 초반에 지녔던 경계심 그리고 20세기 중반 이후에 이루어진 주목할 만한 가톨릭 성경의 쇄신, 특히 제2차 바티칸 공의회의 개혁과 그것이 성경의 해석과 영감의 개념에 끼친 영향을 다룬다.

마지막 부류는, 현대 가톨릭시즘Catholicism과 성경의 관계에서 나타나는 새로운 경향을 다루는 글들이다. 여기에는 여성주의, 문학 및 맥락적 접근과 같은 새로운 방법론의 발전이 포함된다. 다른 글들은 교회 전례, 영성, 그리스도인 삶의 실천에서 성경이 맡는 역할뿐만 아니라, 사회 정의와 윤리 문제, 교회일치 운동과 종교 간 대화에서 성경이 가지는 중요성을 살펴본다. 독자들은 일련의 주제별 논문들을 통해 특별한 자료들을 하나의 표지 안에 모두 모은, 신뢰할 수 있고 접근하기 쉬운, 가톨릭 관점으로 구성된 성경 정보의 '도서관'을 발견할 것이다.

4. 번역

이 책의 저자들이 주로 사용한 성경 번역본은 미국가톨릭주교회의의 후원으로 2010년에 완성된 《새 미국 성경 개정판*New American Bible Revised Edition*, 약어 *NABRE*》이다. 이 번역본은 전례, 교리 교육, 대중 신심에서 로마 가톨릭 신자들이 널리 사용할 뿐만 아니라, 영어 번역의 우수함도 인정받았기 때문에 선택되었다. 모든 번역은 비록 아무리 훌륭하다 하더라도, 현대 영어 용법의 발달에 따라 끊임없이 적응해가는 '진행 중인 작업'이다. 《새 미국 성경*New American Bible*》은 수십 년에 걸쳐 여러 차례 개정되었고, 사실 또 다른 개정 — 특히 전례 맥락에 맞게 사용하기 위한 개정 — 이 진행 중이다. 우리 편집자들은 최종판이 완성되어 이에 필요한 교회의 검토와 승인이 통과될 때까지 기다리는 대신, 현재 판 *NABRE*로 작업을 추진하더라도 작업상 부족함은 거의 없으리라고 판단했다.

번역에 논의의 여지가 있는 구절을 주석할 때, 저자는 히브리어나 그리스어 본문의 의미를 이해하기에 더 적절하다고 생각하는 단어를 선택하여 제안하였다. 종종 이런 토론은, 독자가 성경 구절에서 그 의미의 뉘앙스를 풍부하게 느끼게 한다.

편집자와 출판사는 *NABRE*의 사용을 허가해 준 주교회의에 감사한다.

5. 보조 자료들과 업데이트

마지막으로, 각 주제별 논문과 일부 주석들에는 성경 구절이나 사안을 이해하는 데 도움이 되는 다른 자료를 찾을 수 있도록 상호 참조를 붙일 계획이다.

'제롬 성경 주해'의 역사 최초로, 이 새로운 판은 인쇄와 디지털의 두 가지 방식으로 출간되었다. 표준 인쇄판과 함께, 출판사는 가톨릭 사상 Catholic Thought 디지털 도서관의 일환으로, 온라인 버전을 온전하게 제공한다. 이러한 디지털 방식은 시간이 지나면서 필요해질 참고 문헌들의 업데이트와 주석 및 주제 글의 개정을 제공하는 수단이 될 것이다. 앞으로 수년간 이 특별한 자료의 가치를 확장하고, 가능한 한 많은 맥락에서 광범위하게 사용할 수 있도록 지원할 것이다.

마지막으로, 편집자들은 이 기념비적인 과업을 맡은 블룸즈버리 퍼블리싱Bloomsbury Publishing의 용기와 인내에 감사를 표하고자 한다. 특히 블룸즈버리의 편집장인 도미닉 매토스Dominic Mattos에게 고마움을 전한다. 그는 우리 모두가 이 모험에 참여하도록 설득했고, 이 일이 완성될 때까지 변함없이 인도자가 되어 주었다. 출판 준비가 되었을 때 이 산더미 같은 원고를 무대로 가져오는 대단한 작업을 한 블룸즈버리의 제작 편집자 제시카 앤더슨Jessica Anderson과 그녀의 팀에게도 특별한 감사를 드린다. 그리고 물론, 이 책에 기고하기로 선뜻 동의하고, 놀라울 만큼 충실하게 원고를 제시간에 제출해 준 너그러운 학자들에게도 감사를 전한다. 그들의 탁월한 작품 덕분에 이 책은 하느님의 말씀을 연구하는 데 적합한 자산이 되었다.

또한 산더미 같은 원고의 검토가 필요한 이 가톨릭 학문의 저작에 대한 출판 인가가 신속하게 나오도록 처리해 준 시카고대교구와 교구장, 다니엘 웰터Daniel Welter 부제와 그의 동료들에게도 감사를 전한다. 1968년 최초의 제롬 성경 주해의 창안자이자 공동 편집자인 레이먼드 브라운은, 교도권을 존중하는 표시로 교회의 인가를 얻는 것을 자신이 내는 모든 출판물의 특징으로 삼았다. 우리는 완전히 새로워진 이 제롬 성경 주해에도 그 전통을 이어가는 것이 적절하다고 생각했다.

이 프로젝트는 호르헤 마리오 베르골리오Jorge Mario Bergoglio 추기경이 로마 가톨릭교회의 제266대 교황인 프란치스코 교황Pope Francis으로 선출된 직후에 시작되었다. 그가 교회의 특별한 지도자가 되리라는 것은 처음부터 분명했다. 교황직을 맡은 첫 라틴아메리카인이고, 예수회 출신의 첫 교황이며, 가난한 이를 위한 헌신이라는 명백한 의미를 지닌 '프란치스코'라는 이름을 선택한 첫 번째 사람이기 때문이다. 또한 프란치스코 교황에게서는 성경을 향한 그의 열렬한 사랑이 분명하게 드러난다. 교황의 모든 담론, 모든 강론, 모든 기도가 성경의 언어와 정신에 흠뻑 젖어 있다. 그의 첫 번째 권고 〈복음의 기쁨〉은 성경의 정신으로 가득 차 있고, 사제와 부제들이 성경을 연구하고 사랑하여 강론을 새롭게 하도록 권고하는 데 긴 부분을 할애한다. 프란치스코 교황이 연중 제3주일을, 그리스도인들이 '삶에 하느님의 말씀을 위한 자리를 마련하는' 시간이 되도록 "하느님의 말씀 주일"로 봉헌한 것은 놀라운 일이 아니다.

우리는 이 책을 통해 독자들이 정신과 마음과 삶에 성경을 위한 '자리를 마련'하기를 바란다. 우리는 이 저작을 프란치스코 교황과 그의 말씀 사도직에 바친다. 또 프란치스코 교황의 허락으로, 성경의 아름다움과 힘에 대한 그의 성찰을 이 새로운 《21세기 제롬 성경 주해》의 서문으로 내놓을 수 있어 기쁘고 영광스럽다.

존 콜린스 John J. Collins
지나 헨즈 피아자 Gina Hens Piazza
바바라 레이드 Barbara E. Reid, O.P.
도널드 시니어 Donald Senior, C.P.

추천의 말

처음부터 말씀은 하느님과 함께 계셨으며 하느님께서 낳으신 유일한 아드님이시며, 하느님이셨다고 요한복음 1장이 증언합니다. 성부께서는 말씀이신 성자를 사랑하셨고, 말씀을 통해 세상 만물과 인간을 창조하셨으며, 말씀은 피조물에게 하느님의 사랑을 알려 주셨습니다. 그 사랑의 이야기가 고스란히 담긴 책이 바로 성경입니다.

교회는 성경 말씀으로 마음이 뜨거워져 성령께 의탁하고, 마음에 모신 말씀을 성찬례로 거행하며 성부를 찬양합니다(루카 24,13-32 참조). 말씀을 거행하면서 그리스도인은 동반자 성령께서 늘 함께 계심을 느끼고 부활하신 성자를 통하여 하느님께서 살아 계심을 알며 그 진리와 사랑을 이웃에게 증언합니다.

이 모든 것은 성경을 통해 하느님 말씀을 기억하는 일로 시작합니다. 가장 먼저 할 일은 성경을 들어 펼치고 읽고 이해하는 것입니다. 그러나 성경과 우리 사이에는 시간, 공간, 문화, 언어의 커다란 격차가 존재하며, 이 때문에 성경 본문의 일차적인 뜻을 올바로 알아듣기가 쉽지 않습니다. 그래서 좋은 성경 주해서가 필요한 것입니다.

《제롬 성경 주해》는 제2차 바티칸 공의회 직후 출판된 성경 주해서의 표준이라 할 수 있습니다. 1968년에 처음 출판된 뒤 1990년에 개정 신판이 나왔고 2022년에 전면 개정판이 출간되었는데, 이 최신판을 같은 해 50주년 희년을 맞이한 '가톨릭성서모임'과 2023년 창사 50주년을 맞은 '성서와함께'가 희년 기념 도서로 선정하여 번역·출판하기로 했다는 소식을 듣고 무척 기뻤습니다.

하느님 말씀에 대한 교우들의 열정은 날로 높아 감에도, 성경 전체를 체계적으로 주해한 책이 아직 우리 한국천주교회에서 나오지 못하고 있는 실정이 아쉬운 터였는데, 이렇게 좋은 성경 주해서의 번역판이 나오는 것은 참으로 환영할 일입니다.

이 책은 성경을 통독하고 공부하고 강론을 준비하는 분들에게 최적의 성경 주해서가 될 것입니다. 많은 분이 성경 본문을 합당하게 이해하여 지금 여기 살아 계신 하느님을 뵙고 증언하기를 기도합니다.

한국천주교주교회의 성서위원장
신호철 주교

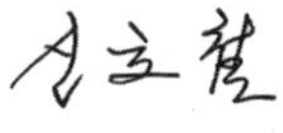

성경 주해는 성경 본문이 쓰이던 시대에 이미 시작되었다. 이스라엘의 예언자들은 자주 모세의 율법을 들어 백성을 깨우치려 노력하였다. 예수님도 구약성경의 풍부한 구절들을 예로 들어 가르쳐 주셨고, 바리사이파 등의 한계와 오류를 바로잡아 주셨다. 이렇게 성경 본문을 다른 본문과 대조하고 인간의 이성과 지혜에 빗대어 깊이 탐구하는 유구한 전승은 하느님 백성의 시작부터 있었다.

《제롬 성경 주해》는 성경의 이해를 돕는 근대적이고 독보적인 참고서라고 할 수 있다. 이 주해서는 가톨릭교회의 성경 해석 전통을 이으며, 그리스도인 전체와 성경에 관심을 두는 모든 인류를 향해 열려 있다. 이 주해서의 성경 해석에는 방법론적 제약이 없다. 신앙과 이성과 자유는 하느님이 주신 큰 선물이기에 성경을 해석하는 도구로서 충분히 사용되어야 한다는 믿음 때문이다. 이는 제2차 바티칸 공의회의 가르침과 일치하는 것이기도 하다.

《21세기 제롬 성경 주해》는 여러모로 성경 그 자체를 닮았다. 우선 서로 관점과 개성이 뚜렷한 책들의 모음집이라는 점이 그러하다. 하느님 백성의 선포, 묵상, 창의적 설교, 공부 등에 실질적인 도움을 주되, 지나치게 주관적인 내면에 갇혀 버리는 일부의 그릇된 태도와 거리를 둔다는 점도 그렇다. 최신의 학문적 성과를 반영하되 건조한 학술적 개념어의 나열을 지양하고, 오직 하느님의 말씀이 지닌 진리와 아름다움과 힘을 하느님 백성에게 드러내려는 영성으로 충만하다는 점도 그렇다.

이 주해서의 번역이 한국의 신학을 한 단계 도약시킬 계기가 되길 소망한다. 제2차 바티칸 공의회와 함께 시작하여 1968년에 세상에 선을 보인 《제롬 성경 주해*JBC*》와 전면 개정판인 1990년의 《새 제롬 성경 주해*NJBC*》는 아쉽게도 우리말로 번역되지 못하였다. 하지만 21세기를 맞아 완전히 새로운 기획과 구성에 기반한 2022년의 《21세기를 위한 제롬 성경 주해*Jerome21C: The Jerome Biblical Commentary for the Twenty-First Century*》는 다행히 온전히 한국어로 번역할 수 있어 기쁘다. 또한 최초로 교황님의 서문이 실려 권위를 더한 **이 책을 세계에서 가장 빨리 번역·출판한다는 사실은 더욱 뜻깊다.** 남녀 평신도, 수도자, 사제가 한 마음으로 협력하여 번역하는 것은 시노달리타스의 시대에 적절한 일이며 이 주해서의 기본 성격과도 일치한다. 한국어 번역본을 낱권으로 나누어 내기로 한 것은 '늘 가까이 두고vade mecum' 참고할 수 있게 하려는 이 주해서 본래의 목적을 한국적 상황에 충실하게 실현하려는 의도 때문이다.

주교회의 성서위원회 등 교회 안팎에서 너그러운 마음으로 협조해 주신 많은 분 덕분에 이 거대한 사업을 진행할 수 있다. 바쁘신 중에도 적극적으로 참여해 주시는 모든 역자에게 깊은 감사의 말씀을 드린다. 특히 한국 출판 현실에서도 수도회 성서사도직의 희년을 기념하며 큰 용기와 결단을 내려

주신 '영원한 도움의 성모 수도회'와 '성서와함께' 출판 일꾼들, 그리고 이들을 받쳐 주시는 '가톨릭성서모임' 말씀의 봉사자들이 없었더라면 이 사업을 실행에 옮길 수 없었을 것이다. 이 모든 일을 이끌어 주시는 성경의 하느님께 가장 큰 감사의 말씀을 올린다.

21세기 제롬 성경 주해 번역 · 출판 위원장
주원준 토마스 아퀴나스

일러두기

1. 원서에서 주로 사용하는 번역본은 《새 미국 성경 개정판*NABRE*》인데, 이 책에서는 의미의 차이가 크지 않은 한 한국 천주교회 공용 번역본인 《성경》(2005)으로 옮긴다. 의미가 다른 경우는 원문을 옮긴 뒤 그 차이를 '역자주'로 밝히며, 다른 번역본을 사용한 경우는 그대로 옮긴다. 단, "주", "주님" 또는 하느님으로 옮겨진 히브리어 "야훼"는 주해서의 성격상 그대로 "야훼"로 옮긴다.

2. 성경 각 권의 순서와 약어, 성경 구절의 줄임 표기는 모두 한국 천주교회 공용 번역본의 사용 예를 따른다. 보기) 창세 1,1-2,4ㄱ: 창세기 1장 1절부터 2장 4절 전반부까지

3. 우리말 표기는 정부의 어문 규정인 '한글 맞춤법', '표준어 규정', '외래어 표기법'을 따른다. 단, 성경과 교회, 신학 관련 용어는 한국 천주교회 《성경》과 《주석 성경》의 표기를 우선으로 하되 《가톨릭 교회 교리서》 등과 관용 표현을 참고한다. 단, 인명, 지명, 신명 등은 한국고대근동학회(KANES)의 표기를 따르기에 《성경》과 다를 수 있다.

4. 교부들은 《교부학 인명 지명 용례집》을 따르고, 그 밖의 교회 인물은 《천주교 용어집》(2017 개정 증보판)을 따른다. 교회 문헌은 처음 나올 경우 한글과 원어를 병기한다.

5. 인용된 외국어 중에서 성경 원어인 히브리어와 그리스어 그리고 고대근동어는 알파벳으로 음역하여 이탤릭체(사체)로 표기한다.

6. 본문의 내용 중 참고 문헌과 출처, 그리고 역자가 붙인 용어 설명은 미주를 사용하여 넣는다. 단 〈여성주의 성경 해석〉의 경우 역자가 붙인 설명은 각주를 달아 넣었다.

7. 본문에 굵게 표시한 글자는 저자가 강조한 부분이다.

차례

서문 004

여는 말 008

추천의 말 022

한국어판 여는 말 024

일러두기 027

성경의 영감

1. 계시 035

1.1. 성경의 신앙과 계시 035

1.2. 계시의 성경적 개념 040

1.2.1. 하느님이 인류와 만나시다 040

(1) 하느님은 항상 모든 계획을 시작하신다 041

(2) 만남은 인격적이다 042

(3) 하느님은 인간에게 말을 거실 때, 공동체를 만드신다 043

(4) 하느님은 말씀을 통해 당신만의 백성을 창조하신다 043

1.2.2. 계약 044

1.2.3. 역사적 과정으로서의 계시 045

(1) 원죄의 개념 047

(2) 성경에 담긴 구원의 역사 049

(3) 육신이 되신 말씀 052

1.3. 계시의 신학적 개념 053

2. 영감 056

2.1. 구약성경에 쓰인 하느님 말씀 056

2.2. 신약성경에서 계시를 전달하는 책들 060

2.3. 계시 신학에서 일어난 변혁 064

2.4. 〈하느님의 말씀〉에서 영감의 개념 066

2.4.1. 하느님 저자 066

2.5. 하느님과 인간의 저술, 그리고 영감의 개념 068

2.5.1. 〈하느님의 말씀〉 이전 069

2.5.2. 〈하느님의 말씀〉 본문에서 071

(1) 하느님 저자 078

(2) 인간 저자 또는 '거룩한 글의 작가' 082

(3) 하느님 저자와 인간 저자의 연결 086

① 도구성의 일반적 개념 086

(4) 영감을 받은 저자와 책들 091

(5) 계시와 정경의 연결 094
2.6. 영감과 육화: 성경 속 진리 097
2.6.1. 승인된 유비 097
2.6.2. 그리스도론적 맥락 099
2.6.3. 진리, 진실성, 그리고 무오성: 공의회 문헌 비평 105
(1) '무오성' 또는 '오류 없는 진리'? 105
(2) 문학 장르에 따른 진리 107
(3) 문학 장르에서 구원의 진리로 112
(4) 하느님의 의도와 정경이라는 맥락 113
① '구원의 진리'와 저자의 의도 114
② 〈하느님의 말씀〉 12항의 결정적 문장 115
2.6.4. 영적 의미에서 진리의 충만함 120
2.7. 하느님의 자기 낮춤이라는 맥락에서 영감과 성경의 진리 124
2.7.1. 자기 낮춤의 의미 124
2.7.2. 무오성의 불완전성 127
2.7.3. 성실하고 확고하고 그르침 없는 성경 속 진리 132
2.7.4. 저자의 의도와 진리 138
2.7.5. 하느님 진리의 초월성 139

3. 성경 정경 145

3.1. 루카-사도행전에서 영감은 정경성과 연결된다 145

3.2. 신약성경의 다른 초기 정경 형태들 150

3.2.1. 마르키온에 맞선 루카 150

3.2.2. 사도 서간 모음을 끝맺기 위해 사용된 차명 서간 152

3.2.3. 2세기 초 원정경 '예언서와 사도 문서' 155

3.3. 네 복음서 정경의 기원 157

3.3.1. 파피아스, 폴리카르포, 순교자 유스티누스, 그리고 디아테사론 157

3.3.2. 영지주의 복음서와 외경 복음서 160

3.3.3. 폴리카르포의 로마 여행과 네 복음서 정경의 탄생 161

3.4. 사도 서간 169

3.5. 교회의 교의적 규범인 신약성경 정경 174

3.6. 그리스도교 정경 속 구약성경의 위치와 역할 177

주 183

참고 문헌 187

여성주의 성경 해석

1. 여성주의, 흑인 여성주의, 남미 여성주의, 생태 여성주의 191
2. 여성주의 운동 194
3. 여성주의 성경 해석의 선구자들 196
4. 여성주의 성경 해석의 방법론들 202
5. 지혜의 춤 203
6. 본문 뒤의 세계, 본문의 세계, 본문 앞의 세계 206
7. 성경에서 간과된 여성을 되살리기부터 전체 본문의 수사학적 분석까지 206
8. 그리스도교 반유대주의의 위험 207
9. 권력 행위인 해석 209
10. 젠더의 사회적 생성 210
11. 성경의 권위 211
12. 여성주의 주석의 수용 211

주 215
참고 문헌 216
옮긴이의 말 218

성경의 영감

데니스 파르카스팔비 O.Cist. 지음

그리스도를 믿는 교회는 예배와 신학, 개인의 신심 함양을 위해 사용하는 오래된 문서들을 자신들의 신앙과 가르침을 담고 있는 거룩한 보고이자 역사적 기원과 연결해 주는 문서로 간주한다. 무엇보다도 교회는 이 문서들이 성령의 감도, 또는 '영감'을 받아 기록되었다고 여긴다. 이 글은 본질적으로 서로 연결된 개념인 계시와 영감inspiration, 그리고 정경canonicity 문제를 다룰 것이다.

1. 계시

1.1. 성경의 신앙과 계시

그리스도교 교회에서 성경의 모든 책은 인류 전체에게 '하느님 말씀'을 전달한다는 보다 포괄적인 개념으로 설명할 수 있다. 이 '하느님 말씀'은 하느님의 계시로서 먼저 특정한 인간들에게 향하였고, 오직 그들을 통해서만 더 넓은 대중에게 전달되었다고 한다. 동시에 이 모든 말씀을 글로 옮긴 이는 인간 대리인들이고, 하느님은 '구원사'의 과정에서 그들을 통해 당신 계시를 문자 형태로 인간 공동체에게 맡기셨다고 본다. 이렇게 말씀을 전해 받은 인간 공동체는 '하느님 백성', '이스라엘', '아브라함과 이사악과 야곱의 후손들', 그리고 신약성경에서는 교회라 불린다.

유다교 문서와 그리스도교 문서에서 영감을 받은 성경을 사용할 때에는 성경이 이중 기원을 가지고 있다는 전제가 따른다. 성경은 '하느님 말씀'인 동시에 구체적인 인간 저자가 쓴 책으로 여겨진다는 것이다. "주님께서 이렇게 말씀하신다"와 같은 표현은 성경에 흔히 등장하지만, 동일한 본문들을 특정 인간 저자가 썼다고 여기기도 한다. 예를 들어 시편은 일반적으로 다윗이 쓴 것으로 간주되며, 오경의 일부 인용문은 모세가 썼다고 여겨진다. 예언서들도 종종 여러 개인이 실제 집필자로 간주되고 신약성경에서도 유사한 접근 방식이 나타난다. 사도 서간 대부분은 저자를 밝히며 시작하는데, 이들은 초기 그리스도교 세대에 속한 특정 인물이다. 반면 제목에 '복음서'라는 단어가 붙은 네 작품은 예수의 업적과 말씀을 전달하고, 제목에 '…가 전한'(그리스어 카타*kata*)이라는 표현과 함께 나오는 이름의 인물과 연결된다. 당시 독자들은 그를 초기 그리스도교 공동체에 알려진 사람으로 이해했을 것이다.

오늘날 신약성경 학자들은 대체로 네 복음서가 원래 익명으로 쓰였으며, 나중에야 특정 저자와 연관되었다고 본다.[01] 하지만 마르틴 헹엘Martin Hengel의 복음서 제목에 관한 연구는 2세기 초부터 이미 네 복음서에 저자가 일관되게 명시되었음을 보여 준다. '마태오(또는 마르코, 루카, 요한)가 전한 (예수 그리스도)의 복음서'라는 식으로 분명하고도 일관성 있게 실제 저자를 밝히고 있다는 것이다.[02] 이미 복음서에서는 예수의 말씀이 하느님의 권위를 지닌 말씀으로 인용된다. 반면 다른 문서들은 사도 바오로나 예수 생전에 활동했던 제자들 가운데 누군가가 한 말로 여겨져 권위를 얻었다. 2세기 초에 그리스도인들에게 '성경'이라는 표현은 보통 유다인들의 성경을 뜻했지만, 대략 기원후 150년부터는 예수의 말씀과 업적, 또는 사도들이 기록한 글을 가리키는 말로 이해되었다. 기원후 125년경 쓰였다고 추정되는 베드로의 둘째 서간은 아마도 바오로 서간과 구약성경 모두를 '성경'이라고 부른 최초의 기록일 것이다.

> 그리고 우리 주님께서 참고 기다리시는 것을 구원의 기회로 생각하십시오. 이는 우리가 사랑하는 바오로 형제가 하느님에게서 받은 지혜에 따라 여러분에게 써 보낸 바와 같습니다. 사실 그는 모든 편지에서 이러한 것들을 이야기합니다. 그 가운데에는 더러 알아듣기 어려운 것들이 있는데, 무식하고 믿음이 확고하지 못한 자들은 **다른 성경 구절들**을 곡해하듯이 그것들도 곡해하여 스스로 멸망을 불러옵니다(2베드 3,15-16).

순교자 유스티누스의 글에서 '성경'은 구약성경과 신약성경 양쪽에서 인용된 본문을 가리키는 것으로 이해할 수 있다. 유다교에서는 영감을 받은 문서들을 크게 두 부분(역자주: 율법과 예언서), 또는 세 부분(역

자주: 오경과 예언서와 성문서)으로 구분했다.[03]

예수 시대에는 어떤 문서가 이스라엘 백성에게 경전으로 여겨져야 하는지에 대한 기준이 명확하게 정립되지 않았다. 하지만 성경은 보통 '율법과 예언서', 또는 덜 흔하기는 했지만 '율법(토라)과 예언서(너비임)와 성문서(커투빔)'로 이루어진 삼중 모음집을 의미했고, 이런 점에서 '성경'이라는 용어가 지닌 의미는 충분히 명확했다고 볼 수 있다. '성경'의 각 권에는 이스라엘 백성을 향한 하느님의 말씀이 글로 기록되어 있다고 보았다. '토라'는 오경(모세의 이름이 붙은 구약성경의 첫 다섯 작품)을, '예언서'는 여호수아기, 판관기, 사무엘기, 열왕기 등 일부 역사서를 포함하는 '전기 예언서'와 현대 그리스도인들이 생각하는 예언서(이사야서, 예레미야서, 에제키엘서, 다니엘서가 속한 대예언서와 열두 소예언서)를 포함하는 '후기 예언서'를 의미했다. 그리고 '성문서'는 다양한 종류의 작품(시편, 욥기, 잠언, 아가, 코헬렛, 룻기, 다니엘서, 역대기)을 포함했으며, 종종 여기에 여러 문서들이 덧붙여지기도 했다. 오늘날 현대 히브리어에서 성경을 뜻하는 단어는 타낙*TANAKH*인데, 이는 토라*Torah*, 너비임*Navi'im*, 커투빔*Ketuvim*의 머리글자를 딴 약어로, 유다교 경전의 삼분 구조를 반영한다.

전통적으로 교회는 경전을 하느님의 계시를 전하는 다양한 문서 모음집으로 이해했다. 이것은 가장 흔하게는 '예언서와 사도 문서' 같은 이분 형식이나 '율법과 예언서와 사도 문서' 같은 삼분 형식, 또는 신약성경 전체를 뜻하는 '복음서와 사도 문서', '율법과 예언서'를 결합한 사분 형식으로 나타난다. 여기에서 우리는 두 가지 용어 체계의 융합fusion을 볼 수 있다. 하나는 유다교적 용어, 즉 율법과 예언서이며, 이는 그리스도교 용어로는 단순히 예언서로 축약된다. 다른 하나는 그리스도교의 용어, 즉 복음서와 사도 문서, 혹은 간단히 사도 문서를 가리키는 표현이다.

성경을 일컫는 모든 전통적 방식은 성경이 하느님과 인간이라는 이중의 기원을 지닌다는 사실을 드러낸다. '예언자'와 '사도'라는 말은 하느님의 선택과 직분, 그리고 하느님 말씀을 선포하도록 부름받은 몇몇 인간을 통해 전달된 메시지를 상기시킨다. 동시에 성경에 관한 이러한 전통적인 그리스도교 용어는 그리스도론적 의미도 내포한다. 즉 그리스도교에서는 구약성경과 신약성경 모두 본질적으로 그리스도를 가리킨다고 본다. 이러한 관점은 유다교 성경의 모든 부분이 구원 역사의 절정인 그리스도를 예고한다는 점을 암시하기 위해 구약성경 전체를 '예언서'로 부르는 경향과 일맥상통한다. 히브리 성경이 궁극적으로 교회에서 사용되도록 예정되었다는 생각은 바오로 시대부터 있었다(로마 15,4; 1코린 10,4-6). 단지 성경의 신적 기원이나 영감 때문만이 아니라, 구원사에서 하느님의 참뜻이 예수 그리스도 안에서 완성되고 가장 분명하게 드러나기 때문이다. 이와 유사하게 그리스도교는 신약성경의 모든 부분을 '사도적'이라고 보는데, 예수가 공생활 초기에 선택한 열두 제자를 중심으로 모인 첫 제자들을 통해 그리스도의 말씀이 전해졌기 때문이다. 이들은 성령의 조명을 받아 예수의 말씀과 업적, 그리고 그 의미에 관해 세상에 증언했다. 이들의 이야기와 메시지는 모두 그리스도의 죽음과 부활을 중심으로 구성되었다.

신약성경의 경우 하느님 말씀을 글로 옮기고 그것을 모아서 분류하는 작업은 단순히 과거 문서들을 정리하는 오랜 과정의 결과로 이루어진 것이 아니었다. 다시 말해, 긴 시간에 걸쳐 여러 고민 끝에 그리스도교 정경이 형성된 것이 아니라는 말이다. 사실 '율법과 예언서', '예언서와 사도 문서', 또는 '율법과 주님과 사도들'과 같은 표현들은 정경이라는 개념이 정립되기 이전부터 이미 존재했다. 이는 거룩한 문서들의 모음이라는 개념이 이미 있었으며, 교회 내에서 권위를 인정받은 거룩한 문서들의 정경 목록이 형성되기 전부터 사용되었음을 보여 준다. '예언서와 사도 문서'라는 표현은 교회가 자신의 기원을 '과거의 사건'으로 되돌아볼 수 있게 된 직후, 그리고 동시에 교회의 정체성을 신앙의 관점에서 구체적이고 안정적인 용어로 정의 내릴 필요성이 제기된 시점에 그리스도교 용어로 사용되기 시작했다. 이런 사항들에 대해서는 정경의 기원을 다룰 때 다시 살펴볼 것이다.

1.2. 계시의 성경적 개념

이제 우리는 제2차 바티칸 공의회 후에 나온 쇄신에 관한 대다수의 신학 개론서에 나오는 다양한 신학적 인간학을 바탕으로 성경의 계시 신학을 요약하면서 발전시키고자 한다.[04]

1.2.1. 하느님이 인류와 만나시다

성경은 하느님의 말씀으로 여겨진다. 이는 성경 각 권의 궁극적 원천이 하느님이시며, 하느님은 성경을 통해 신성한 권위를 가지고 독자에게 말씀하신다는 뜻이다. 하지만 성경은 하느님 말씀을 인간의 사건과 감정, 생각, 인식, 개념 등 인간의 언어로 표현하면서 하느님과 인간이 구체적으로 어떤 관계에 있는지를 성찰하게 한다. 둘 사이의 관계에서 인간의 경험과 언어적 표현이 비롯되었기 때문이다. 여기에서 우리는 '인간 언어로 표현된 하느님 말씀'이라는 **개념이** 하느님과 인간 사이에 이미 어떤 관계가 있었음을 논리적으로 **내포한다고** 주장하는 것은 아니다. 성경 각 권은 구체적으로 하느님과 특정 인간의 만남을 증언한다. 이 책들은 궁극적으로 그러한 경험들에 대한 인간의 응답으로서의 신앙 행위로부터 기원하며, 이는 우연한 개인들이 아니라 신앙 공동체를 세우기 위해 하느님이 특별히 선택하신 예언자와 지도자들을 통해 이루어졌다.

성경 본문에는 하느님과 인간이 진실한 관계를 맺기 위해 전제되어야 할 몇 가지 구체적 조건이 일관되게 나타난다. 이러한 조건 없이는 성경 본문을 통해 전달된 계시 개념을 이해할 수 없다. 이 조건은 네 가지로 정리할 수 있다.

(1) 하느님은 항상 모든 계획을 시작하신다

인간이 하느님을 찾는다는 것이 아무리 사실일지라도, 하느님이 먼저 인간을 찾으시고 그들에게 말씀을 건네신다. 당신 자신을 드러내시기로 결정하신 하느님은 인간을 초대하여 당신의 말씀을 듣게 하신다. 하느님은 시작하고 명령하는 분이시다. 물론 역사의 처음부터 인간은 하느님을 갈망하는 마음을 품고 태어난 것으로 보인다. 그래서 어떤 이는 그런 갈망이 인간 '본성' 안에 내재해 있다고까지 말한다. 그러나 그것은 인간의 육체적 본성이 아니라 인간을 들어 올리시는 하느님의 은총에 바탕을 둔 것이다. 가장 중요한 것은 하느님의 행위로 하느님과 인간 사이에 실질적이고 인격적인 접촉이 이루어졌다면, 이는 전적으로 무상으로 주어진 은총 덕분이다.

(2) 만남은 인격적이다

하느님이 인간에게 말씀을 건네실 때, 그들을 인격체로서 대하신다. 곧, 인간은 관계적 존재로서, 이성적이고 자유로운 타자를 만나고 그 존재를 알고 사랑하는 관계로 발전할 때에만 자의식이 실현된다. 하느님은 인간을 창조하셨을 때와 같은 방식으로 곧 '혼자 있는 것이 좋지 않다'(창세 2,18)고 말씀하셨듯, 인간을 사회적 존재로 여기시며 말씀을 건네신다. 야훼계 창조 설화의 아담 이야기는 자기 자신의 살과 뼈에서 나온 하와를 맞아들이기 전 동물들에게 이름을 지어 주는 아담의 모습을 보여 준다. 이는 인간이 본질적으로 관계적 존재임을 드러내는 깊은 신학적 통찰을 담고 있다(창세 2,18-25). 예수도 이 단락을 언급하는데, 이는 단순히 혼인의 불가해소성을 이야기하기 위함이 아니라 인간은 처음 창조되었을 때부터 사회성을 내재하고 있음을 강조하려는 것이다(마태 19,4; 마르 10,6). 더 나아가 계시의 맥락에서 성경이 보여 주는 일반적 인식이 있다. 곧 하느님이 개별 인간에게 다가오시는 것은 단지 개인의 응답을 이끌어내기 위해서뿐만 아니라, 말씀을 듣는 이가 당신을 대신하여 다른 이에게 다가가 말을 건네는 중재자 역할을 받아들이도록 하시기 위해서이다.

(3) 하느님은 인간에게 말을 거실 때, 공동체를 만드신다

하느님은 인간에게 말을 건네실 때, 상대가 단순히 수동적으로 경청하기를 요구하시는 것이 아니라 능동적으로 응답하기를 바라신다. 인간은 하느님 말씀을 따라야 할 명령으로 받아들인다. 이는 각 개인의 삶을 하느님 명령에 따라 꾸려 나가기 위해서일 뿐만 아니라, 다양한 규모의 공동체에 하느님 메시지를 전달하여 공동체를 형성하고 개혁하며 변혁하기 위해서이다.

(4) 하느님은 말씀을 통해 당신만의 백성을 창조하신다

구약성경과 신약성경 모두에서 하느님의 말씀은 신앙과 구원의 공동체를 이룬다. 구약성경 곳곳에서 하느님은 이스라엘을 세우고 형성하시며 인도하시어 그들을 당신 백성으로 만들어 가신다. 신약성경에서 하느님의 말씀은 이스라엘을 연속성과 불연속성을 모두 지닌 새로운 백성, 곧 교회로 탈바꿈시키고 확장하신다. 그리하여 하느님 백성이 모든 시대의 모든 민족을 아우르는 전 세계적 공동체가 되게 하신다.

1.2.2. 계약

하느님의 말씀으로 형성된 공동체는 궁극적으로 하느님과 흔들림 없는 관계를 시작하고 발전시키라고 인간을 부른다. 하느님과 그분 백성 사이의 이러한 관계는 쌍방적이지만 동등하지는 않다. 하느님이 인간에게 말씀하실 때 고립된 개인에게만이 아니라 관계적이고 사회적인 존재로서의 인간에게 말씀하신다. 즉, 그분에게 자기 자신 및 타인과의 관계는 **모든 사람**others과 관계를 맺는다는 것이며, 이는 인류 전체를 아우르는 공동체를 형성하려는 암시적 의도를 내포한다. 인간은 '타인'을 통해 자기 자신에게 이르게 된다. 이 법칙은 모든 인간에 본질적이다. 자기 자신을 의식하고 자신에게 관심을 갖는 것은 다른 모든 인간과의 관계성을 내포한다. 대체로 인간은 타자의 정체성을 탐색함으로써 자신의 정체성을 발견하고, 그들을 행복하게 함으로써 자신의 행복을 증진한다. 이런 식으로 인간은 하느님을 단지 '나의 하느님'만이 아니라 '우리 하느님'으로 인식한다. 그리고 인간은 하느님에게 다가감으로써 자기 자신이나 소수의 '타인'뿐만 아니라 다른 모든 타인, 곧 모든 동료 인간과 연결된다.

성경에 따르면 인간은 날 때부터 하느님이 인간과 지속적 친교를 이루기 위해 먼저 다가오는 분임을 안다. 구약성경에 자주 등장하는 문구 가운데에 "내가 계약을 맺는다"(모든 인류를 상대로는 창세 6,18; 9,9-17; 그런 뒤에 아브라함을 상대로는 창세 17,7.13.19; 그리고 이스라엘을 상대로는 탈출 6,4-5; 19,5; 34,10; 신명 29,12.14) 혹은 "그들은 나의 백성이 되고 나는 그들의 하느님이 될 것이다"(예레 24,7; 31,33; 32,38; 에

제 36,28; 즈카 8,8)와 같은 표현들을 쉽게 발견할 수 있다. 이러한 예를 통해 우리는 하느님과 인간 사이의 상호성을 인식할 뿐만 아니라, 하느님이 자유롭고 신비로우며 초월적 존재라는 증거도 발견한다. 하느님은 먼저 접촉을 시작하신 후, 인간의 자유를 더욱 증진하는 영속적인 계약을 제안하시며, 믿음과 충실함으로 응답하기를 요구하신다.

신약 시대가 도래한 뒤에도 하느님과 이스라엘 사이의 계약 관계는 종결되거나 대체되지 않고, 오히려 육화라는 깨지지 않는 유대 안에서 성취된다. 예수님 안에서 하느님 백성은 새로 태어나고 하느님과 이스라엘 사이의 계약은 육화한 성자의 희생의 피와 부활한 몸을 통해 영원한 일치로 변형된다. 그리하여 세례를 통해 물과 성령으로 태어난 신앙인들이 성찬례에서 받아 모신 예수님의 피와 살을 통해 공동체를 형성하고 가꾸게 한다.

1.2.3. 역사적 과정으로서의 계시

세상(하늘과 땅) 창조가 이루어지고, 아직 인간이 창조되기 '이전'에, 하느님 말씀은 인류를 향하신다. 그 후, 하느님은 인간을 남자와 여자로 창조하신다. 그들의 결합을 통해 나머지 인류를 창조하시는데, 이는 개인만이 아니라 그들 사이의 상호 관계를 통해서도(즉 남편과 아내, 부모와 자녀, 조상과 후손이 서로 관계를 맺어 가는 가운데) 그들에게 말을 건네시기 위함이다. 창세기 3장이 들려주듯, 성관계를 통해 새로운 인간 창조(창세 4,1)를 시작하기 전에 이미 남자(아담)와 여자(하와)는 죄에 빠졌다. 이들은 각자 따로 죄를 지은 것이 아니라 공동의 행위를 통해 상호 용인하에 죄를 지었다. 그들은 단순히 함께 행동한 것이 아니라 창조자에게 맞서 저항의 연대를 형성하는 방식으로 '함께' 반역했고 불복했다. 이들의 죄에는 교만과 질투, 도덕적 자율성 주장, 경쟁심 등이 모두 포함된다. 그리고 죄를 지은 뒤에는 관계를 병들게 하는 상호 비난이 뒤따른다. 창세기 3장이 인간이 지은 첫 번째 죄의 모든 특징을 담고 있지만, 이것이 다른 전형적 '첫 죄들'(2-11장)과 연결되어 있다는 사실을 간과해서는 안 된다. 창세기 2-11장은 세 가지 근본적 소외(하느님, 자신, 다른 인간으로부터의 소외)가 쌓여 가면서 어떻게 죄의 속성을 드러내고 출산(생식)의 의미를 왜곡하는지를 보여 준다. 엄밀하게 말하자면 성경 본문에 추상적 개념으로서 '원죄'(본래의 죄peccatum originans 또는 유전된 죄peccatum originatum)에 대한 성찰이 담긴 경우는 거의 없다.[05] 하지만 인류가 하느님과 나누었던 '친교'(친밀감, 익숙함, 내밀함)를 비극적으로 상실하고, 동시에 모든 인간이 서로에게서 소외되며, 세상에서 자신의 위치와 역할까지 잃어버린 모습에서 죄의 주된 특징이 분명하게 드러난다.

첫 남자와 첫 여자는 성인으로 창조된 것처럼 묘사된다. 하지만 첫 죄를 짓고 성관계를 통한 생식이 시작된 뒤(창세 4,1) 인류의 창조는 느리고 고통스러운 과정으로 그려진다. 이어지는 세대의 모든 이는 남자의 정자와 여자의 자궁에서 태어나 서서히 성인기에 도달한다. 이 과정에서 '낙원 밖에서' 태어난 인간은 저마다 신체적 결핍과 고통, 그리고 피할 수 없는 종말인 죽음을 경험한다. 로마 신자들에게 보낸 서간에 나온 포괄적 진술을 사용하자면, 한 사람을 통하여 죄가 세상에 들어왔고 죄를 통하여 죽음이 들어와 세상을 지배하게 되었다(로마 5,12). 인간은 '하느님의 영광을 잃은 채' 태어난다(로마 3,23). 그러므로 죄와 고통과 죽음이 모든 생명을 지배하기 시작한다. 그리고 모든 인간은 구원을 기대할 수 없는 "에덴의 동쪽"으로 쫓겨난다(창세 4,16). 지혜서는 이 장면을 철학적으로 성찰하면서, 인간은 영광스러운 시작에도 불구하고 연속성을 잃고 목적 없이 살아가게 되었다는 실망스러운 결론을 서둘러 내린다. "하느님께서는 죽음을 만들지 않으셨고 산 이들의 멸망을 기뻐하지 않으신다. 하느님께서는 만물을 존재하라고 창조하셨으니 세상의 피조물이 다 이롭고…"(지혜 1,13-14). 하지만 "악인들은 행실과 말로 죽음을 불러내고 죽음을 친구로 여겨 그것을 열망하며 죽음과 계약을 맺는다. 그들은 죽음에 속한 자들이 되어 마땅하다"(지혜 1,16).

(1) 원죄의 개념

잠시 원죄에 관해 따로 성찰해 볼 필요가 있다. 20세기를 지나면서 서구 그리스도교 사상에서 원죄 신학을 뿌리에서부터 문제 삼는 분위기가 형성되었다. 성경에 이러한 전통적 가르침을 뒷받침할 만한 증거가 너무 빈약하고, 가르침의 중요 요소 가운데 많은 부분이 섹슈얼리티sexuality에 대한 히브리인들의 '더 건전한' 관점과 맞지 않는 아우구스티누스의 잘못된 육욕concupiscence 이해에서 비롯되었다는 것이다. 어떤 이들은 아우구스티누스가 원죄(peccatum originale originans, 곧 아담의 죄)를 '금지된 열매를 먹는' 개인적 행위로 간주했으며, 그가 창세

2,4ㄴ-3,23에 담긴 더 광범위한 문학적·신학적 맥락에 주의를 기울이지 않고 문자 그대로 이해했다고 비판한다. 그러면서 창세기의 이 단락은 인간의 오만, 하느님과 동료 인간과의 경쟁, 우상숭배, 형제 살해를 초래한 시기심, 창조 업적의 훼손을 이야기하며, 이 모든 모티프가 창세기 1-11장 곳곳에 스며들어 모든 인간은 구원이 필요한 상태로 태어난다는 아우구스티누스가 끈질기게 주장하는 내용에 대한 증거가 된다고 주장한다.[06]

에덴 동산에서의 추방을 초래한 아담과 하와의 죄에 초점을 맞춘 창세기 1-3장에 대한 그리스도교의 전통적 해석을 상대화하는 것은 옳지 않다. 인류에게 원죄가 있다는 사실은 '원역사'를 조망하는 창세기 1-11장에 제시되고, 창세기 2,4ㄴ-3,23은 그러한 원역사 선집('하나의 주제에 대한 변주')의 첫 번째 이야기가 된다. 창세기 1-11장에는 단 하나의 궁극적 핵심을 전달하는 일련의 선별된 이야기들이 실려 있다. 곧, 하느님의 원초적 창조가 인간의 연이은 자기 해방 행위들의 누적된 결과로 인해 '죄에 물든 인류'라는 보편적 상태로 변형되었다는 것이다. 순수함의 상실은 창조 질서를 받아들이기를 거부한 인간의 태도, 즉 하느님에 대한 의도적인 반역으로 묘사되며, 그 결과 인간은 하느님과의 관계뿐 아니라 자신의 내면, 그리고 타인과의 관계에서도 더욱 깊은 소외를 낳는다. 따라서 우리는 일련의 내러티브 속에서 다음과 같은 전개를 마주하게 된다. 첫 번째 살인(창세 3,24-4,16: 피 흘림, 시기로 인한 형제 살해, 땅의 훼손, 인간의 복수심 확립), 홍수 이야기(창세 6,1-7,24: 인간의 타락이 하느님의 창조 세계 전체를 황폐화한 사건), 뒤이어 계약을 통해 화해를 제안함으로써 인간을 구하시려는 하느님의 시도를 다룬다. 인류 역사를 새롭게 시작하려는 시도는 노아와 함께 등장하지만 금세 실패로 끝나고(창세 9,9-29), 인간이 바벨탑을 세워 다시 한번 완전한 자율성을 추구한 탓에 분열하게 된 이야기가 그 뒤를 따른다. 바벨탑 이야기는 인간이 온 땅으로 흩어지게 된 기원을 설명하는 전형적 사례이다(창세 11,1-9).

'하느님께서는 당신의 모습으로 사람을 창조하시되 남자와 여자로 그들을 창조하셨다'(창세 1,27)라는 말씀부터 인간의 모든 후손이 동산 밖에서 태어나("에덴의 동쪽": 창세 4,16 참조) 하느님과의 친밀함에서 추방되었다(창세 3,22)는 슬픈 결론 사이의 공백은 하나의 중심 주제가 채우고 있다.[07] 멸종 직전에 있던 모든 인류가 (유일무이한 조상으로서 인류의 지속을 가능하게 한) 노아의 구출로 구원받는 홍수 내러티브에서 고집스럽게 강조되는 주제는 분명하다. 모든 땅에 두 번째로 퍼져 나가는 인류에게는 훨씬 더 근본적인 구원 계획, 즉 창조 세계의 근본적 재창조가 필요하다는 것이다. 인간이 특권을 누렸던 원래 상태에서 쫓겨난 순간부터, 인간은 영구적으로 죄의 상태에 놓이게 되었으며, 이 죄는 "모방만이 아니라 번식(유전)을 통해서"[08] 모든 인간에게 전해진다는 것이 분명해진다.

(2) 성경에 담긴 구원의 역사

죄를 저지르고 타락한 인간을 그린 성경 이야기는 하느님이 구원에 이르는 공동의 길을 제공하실 필요가 있음을 예견한다. 인간은 고립된 존재로서가 아니라, 유전적·문화적·심리적 연결로 인해 상호 의존

상태에서 죄를 짓는다. 따라서 하느님의 구원 계획 또한 공동체적이어야 한다. 이제 구원의 역사는 또 다른 사람, 아브라함(창세 12,1)과 그의 아내 사라를 선택함으로써 시작된다. 하느님은 이들에게서 당신의 백성을 이루려 하신다. 그들을 통해 모든 인간이 축복을 받을 것이다(창세 12,3). 아브라함은 장차 거대한 민족으로 성장할 성조 씨족의 형성을 목표로 선택되었지만, 수가 엄청나게 증가한 이집트에서 아브라함의 후손은 노예로 전락한다. 그리고 다시 한 사람, 모세가 선택되어 하느님 말씀을 전하고 모험 가득한 해방의 역사를 겪은 후에 이스라엘은 한 민족, 하느님의 백성으로 꼴을 갖추게 된다. 그들이 홍해를 건너 광야를 헤매다 시나이에서 율법을 받기까지, 이는 하느님의 행위를 통해 이루어진다. 이 이야기는 하느님이 한 민족을 형성해 가시는 과정을 자세히 들려준다. 이 민족은 모세의 중재로 가능해진 하느님과의 수많은 만남을 통해, 도덕 규범을 갖춘 엄격한 유일신 신앙인 야훼 계시 종교를 받아들이게 된다.

이러한 교육 과정은 수많은 민족 지도자와 영적 지도자(판관, 임금, 예언자)의 영도 아래 약속의 땅을 정복하는 시기에도 계속된다. 직접성과 충실성에서 그 수준의 차이는 있지만, 하느님 말씀은 그분의 백성에게 계속해서 전달된다. 우상숭배에 빠져들기 일쑤였지만, 그럼에도 백성은 자비로운 하느님의 충실한 구원 개입을 통해 거듭 구출된다. 이스라엘의 정체성은 '구원의 역사'를 중심으로 형성되며, 이 역사는 모든 백성을 위한 보편적 모범이 될 것이었다. 하느님의 변함없는 충실함을 드러내는 새로운 사건들을 통해 구원의 새로운 기회들이 주어진다. 하느님이 당신 백성이 사울이라는 인물을 임금으로 선택하는 것을 허락하시자 근본적 변화가 일어난다. 사울이 자신의 책무에서 크게 실패하자 다윗이 임금 자리에 오른다. 다윗은 과분한 선물로 영속하는 왕국을 약속 받는다. 이는 새롭고 영원한 계약에 대한 하느님의 충실함으로 보장된다. 다윗의 아들 솔로몬의 통치는 성전 건립으로 절정에 이르는데, 성전은 하느님이 당신 백성과 영원히 함께 거하신다는 표징이기 때문이다. 곧 성전 건립은 다윗에게 주어진 약속의 부분적 성취로 보인다. 그러나 솔로몬이 죽은 뒤 이스라엘의 역사는 비극적인 전환점을 맞이한다.

이제 나라는 북 왕국(사마리아 또는 이스라엘)과 남 왕국(유다)으로 분열된다. 두 나라는 끝없이 경쟁하다가 둘 다 고대의 여러 강대국(아시리아, 바빌론, 페르시아, 그리스, 로마)의 연이은 침략으로 멸망하게 된다. 다윗의 후손이 다스린 남 왕국은 새로운 영적 지도자인 예언자들을 통해 하느님 현존을 체험한다. 이들이 전달하는 계시는 글로 기록되고 필사되어 보존되는데, 이들의 가르침은 이스라엘의 하느님이 새로운 방식으로 현존하심을 의미한다.

이런 방식으로 이스라엘인들은 전능하시고 충실하신 하느님이 '그분의 종인 예언자들'을 통해 길 잃은 당신 백성 사이에 늘 현존하시며(2열왕 2,9; 17,13.23; 21,10; 24,2; 예레 7,25; 25,4; 26,16; 35,15; 44,4; 에제 38,17; 다니 9,6.10; 아모 3,7; 즈카 1,6 참조), 궁극적으로 이스라엘의 역사를 지배하신다는 사실을 거듭 깨닫게 된다. 예언자는 하느님의 사자使者로서 시대의 징표를 해석하고, 백성들이 필사하고 후대에 보존할 전승을 발전시킨다. 그 결과 민족의 영적 유산으로 여겨지는 하느님의 계시는 사라지지 않고, 갈수록 영적인 의미를 더해가며 거듭 재발견된다. 이스라엘의 정치권력이 사라지자 하느님 계시는 하느님의 보편적 구원 계획에서 점점 더 중요한 역할을 차지하게 된다. 하느님은 이스라엘을 거듭 선택하시어 인류를 위한 구원의 도구가 되게 하신다. 이스라엘은 독립하거나 정치권력을 되찾지 못하지만, 결국에는 종교적 유산인 모세의 율법과 역사에 대한 기억, 그리고 예루살렘 성전의 종교 예식을 잃지 않고 보존해 낸다. 성전은 결국 재건되지만 다윗 왕조는 정치권력을 되찾지 못한다. 하지만 로마 제국의 억압적 통치 아래 무너진 뒤, 전혀 예기치 않은 방식으로 다윗 왕조에 대한 약속이 이루어진다.

(3) 육신이 되신 말씀

나자렛 예수의 인격 안에서 하느님과 은혜롭게 만나는 새 시대가 열리며, 면면히 이어 온 구원의 역사가 의식적으로 계속된다. 하느님 백성이 과거에 '열두 지파'로 구성되었던 것처럼, 예수는 열두 제자(마태 10,1-4; 마르 3,13-19; 루카 6,12-17; 요한 6,70-71)를 뽑고, 이들을 통해 하느님 구원 계획의 최종 단계가 이루어진다. 이 열두 제자는 새로운 성조의 역할을 시작한다. 그들은 예수의 메시지를 배우고 익혀 그분 생애와 가르침, 죽음과 부활의 증인으로 선택된 인물로 새로운 시작을 상징한다. 예수에 대한 믿음을 통해 제자들은 한 분이신 하느님 안의 신비로운 관계의 중심으로 인도된다. 또한 그들은 예수의 인격 안에서 성부 하느님이 당신의 영원한 말씀이신 성자를 보내셨으며, 성령을 보내시어 당신의 내적 생명을 인류에게 나누어 주시고, 모든 인간이 그 생명에 참여하도록 초대하심을 깨닫게 된다. 이로써 하느님을 모든 인격성의 원천으로 새롭게 이해하는 길이 열린다. 그것은 삼위일체이신 세 위격Trinity of Persons 안에서의 영원한 대화이며, 이를 통해 한 분이신 하느님 안에서의 궁극적 친밀함이 형성된다는 것이다.

하느님의 완전한 자기 계시는 예수 안에서 일어난다. 예수는 육화하신 하느님의 말씀이자 육신을 지닌 유한한 존재인 참인간이고, 성자로서 성부 하느님과 위격에서 구분되지만 본성에서는 그분과 동일하시다. 하느님의 자기 현현은 성자의 희생 행위를 통해 온전히 이루어진다. 사랑과 순종으로, 예수는 인간의 폭력 행위의 희생 제물이 되는 죽음을 받아들이신다. 이에 응답하여 성부는 예수를 생명으로 일으켜 세우실 뿐 아니라, 그분의 파괴된 인간 존재를 속죄 제물로 받아들이시고, 그분의 부활한 인성을 새로운 인간 존재와 새로 창조된 인류의 원형으로 삼으신다. 이렇게 새로운 상태로 예수는 죽음에서 새로운 생명으로 일으켜져 '죽은 이들 가운데에서 맏이'(로마 8,29; 콜로 1,15-18; 묵시 1,5)가 되시고, 당신 제자들을 통해 남은 역사를 변혁하기 위한 전세계적 사명의 수행을 시작하신다.

1.3. 계시의 신학적 개념

가톨릭 신학에서 '하느님의 계시'는 구원 역사 안에서 하느님이 말씀과 행적을 통해 당신 자신을 드러내심을 일컫는 특정 개념이자 거의 이론적인 개념이다. 제2차 바티칸 공의회 계시 헌장 〈하느님의 말씀*Dei*

Verbum〉은 제1장(1-6항)에서 트리엔트 공의회와 제1차 바티칸 공의회를 명시적으로 언급하며, 계시 개념을 본질적으로 설명한다. 이는 두 가지 방향으로 접근하는데, 첫째 계시의 공동체적 차원, 둘째 '자연적' 계시와 '초자연적' 계시, 곧 창조와 계시의 연결이다. 하지만 이 개념에 대한 계시 헌장의 논의는 너무 간략하여 논의하다가 만 인상을 준다.

구원 역사에서 하느님의 자기 계시는 자연 계시를 전제로 한다. 자연 계시는 물리적 세상을 존재하게 하는 하느님의 창조 행위에 포함된다. 이성적이고 자유로운 존재인 인간은 창조된 세상에 속한다. 인간은 타고난 능력으로 창조 질서 속에서 드러나는 하느님의 자기 현현을 이해할 수 있다(로마 1,20 참조). 더 나아가 하느님이 인류를 당신과 인격적 관계를 맺도록 이끌기 위한 인격적 자기 계시 행위는 '초자연적 계시'를 구성한다. 오로지 은총을 통해 인간은 신앙 행위로 하느님께 응답하도록 고양되고, 하느님의 내적 생명에 참여할 수 있다. 모든 인간은 역사 안에서 하느님의 계시에 참여하게 된다. 성경의 기록에 따르면 이렇게 구체적인 역사가 시작할 때 하느님은 인류와 계약 관계를 맺으신다. 계약의 제안은 노아 이야기(창세 6,8; 9,9-17)에 처음 나온 이후 아브라함 이야기(15,18; 17,2-21), 그리고 다른 성조들의 이야기에 나온다. '아브라함과 이사악과 야곱과 맺으신 계약'(탈출 2,24 참조)은 최종적으로 모세를 통해 제시되어, 하느님 백성을 하나의 민족으로 형성하게 된다.

하느님의 구원 행위들을 목격할 때, 인간은 이 역사 전체가 인류를 위해 일어난다는 사실을 이해하게 된다. 계시 과정에서 인간은 단순한 목격자가 아니라, 구원의 역사가 세워진 주체이며, 자신의 행복이 걸려 있는 존재이다. 구원에 관해 배울 때 인간의 인지능력이 가장 중요하다. 특히 주체성은 물리적 세상을 과학적으로 탐구할 때보다 구원 역사에 훨씬 더 많이 관련된다. 과학적 사고에서조차 완전한 객관성을 얻지 못한다. 관찰을 하는 것만으로도 우리가 탐구하려는 물리적 현실이 변형되기 때문이다. 구원 역사와 관련해서도 비슷한 점을 볼 수 있다. 하지만 "하느님께서 … 외아들을 내주시어, 그를 믿는 사람은 누구나 멸망하지 않고 영원한 생명을 얻게 하셨다"(요한 3,16)라는 말씀과 같이, 구원하시는 하느님의 자기 현현에 관해 배울 때에만 인간은 자신이 하느님 자비의 대상이며, 창조된 존재임을 발견하게 된다. 하느님을 만나는 행위 안에서 인간은 자신이 누구이며 어떤 존재인지를 알게 되며 자신에 관해 배운다. 믿음의 행위를 통해, 인간은 하느님과의 대화의 동반자partner가 된다. 하느님은 인간에게 말씀하시며, 인간을 자신과의 관계로 초대하심으로써, 인간이 혼자 힘으로는 결코 들어가거나 유지할 수 없는 관계로 들어 올리신다.

그러므로 그리스도교에서 계시는 하느님이 인간에게 말씀하시는 것뿐만 아니라 인간이 듣고 신앙으로 응답하는 것을 포함하는 개념이다. 동시에 계시를 받은 사람은 하느님 말씀을 다른 사람들에게 전하도록 파견된다. 하느님의 말씀을 들은 이는 또한 말씀을 전하는 사명을 받는다. 이는 하느님 말씀에 끊임없이 귀 기울이고, 그분의 말씀을 기억하며, 하느님과 그분의 말씀이 선포되어야 하는 다른 사람들과의 지속적인 관계 속에서 살아가는 것을 의미한다.

2. 영감

2.1. 구약성경에 쓰인 하느님 말씀

하느님이 당신 백성을 모으시는 성경의 모든 계시 사건에는 선택된 중재자(아브라함, 모세, 다윗, 엘리야, 이사야, 예레미야 등)가 있다. 이들은 가르치거나 지도하는 직무, 또는 두 직무를 모두 수행한다(판관, 임금, 예언자 등). 하느님 백성은 인류 문화사와 분리되어 형성된 것이 아니라, 오히려 다양한 사회 집단 및 다른 나라와의 도전, 대립, 갈등 속에서 형성되었다. 하느님에게 선택된 백성은 오직 하느님에게만 충성하며 엄격한 유일신 신앙을 계속해서 간직했지만, 동시에 대부분 다신교를 따르는 주변 문화들과 직면해야 했다. 그래서 이스라엘에게 계시의 역사적 과정은 두 개의 상반된 측면을 포함한다. 항상 다른 나라들로부터 오는 영향에 대응하는 동시에 이 계시 과정을 시작하셨고 신앙을 요구하시는 하느님에게 충성을 다해야 했다.

부르심에 충실히 응답하기 위해 하느님 백성은 하느님의 계시 행위들에 대한 기억을 보존하고 다음 세대에 전해야 했다. 따라서 기억과 회상을 도울 도구들이 필요했는데, 처음에는 구전으로 이후에는 계시의 집단적 기억을 좀 더 정확하게 오랫동안 보존하기 위해 글로 기록하여 전달되었다.

이스라엘은 이집트와 메소포타미아, 그리고 그 사이의 지역들을 오가며 여러 문화에서 경험한 많은 것을 차용했다. 기원전 1000년

이전에 이스라엘은 구전 문화에서 문자 문화로 넘어가는 단계를 거쳤고, 그 결과 그들의 거룩한 전통도 구전 형식에서 문자 형식으로 바뀌었다. 고대 이스라엘의 문자 해독 능력에 대한 가장 오래된 텍스트 유물은 아마도 시나이 반도의 비문일 것이다. 학자들은 이에 관해 몇 가지 잠정적인 해석을 제시하였다.[09]

'성경의 영감'이라는 개념은 계시를 충실히 따르면서 하느님의 인도 아래 그것을 문자 형식으로 확장하는 과정을 의미한다. 영감을 통해 하느님 백성은 이전에 들었던 것을 고정된 형식으로 다시 읽고 기억할 수 있게 된다. 이스라엘의 가장 오래된 문자 전승은 솔로몬, 심지어 다윗 시대보다 이전이다. 반면 예언자 전통의 상당 부분은 기원전 8세기와 그 이후까지 거슬러 올라간다.

바빌론 유배에서 귀환하여 예루살렘 성전을 재건했지만 이스라엘에게 다윗 왕국의 부흥이나 정치적 독립 국가의 부활은 일어나지 않았다. 통치하는 임금과 예배의 중심이 되는 예루살렘 성전이 없는 현실에서 성경의 중요성은 더욱 커졌다. 이스라엘의 신성한 문자 전승이 형성되면서 모세의 율법*Torah*은 중심적 지위를 얻게 되었다. 오경은 여호수아기와 판관기, 열왕기의 내러티브를 통해 계속 이어지면서 유배 이전 시대에 대한 기억을 들려주는 연속적 내러티브의 서문이 되었다. 이 책들은 후에 예언서와 지혜문학과도 연결되었다. 율법과 역사, 기도(시편), 지혜 전승을 해당 본문과 수많은 재편집본으로 한데 묶는 정경적 의식canonical consciousness의 출현은 성전의 부재와 정치적 독립의 상실이 만들어 낸 공백을 대체했다.

유배 후 이스라엘은 점점 더 자신들의 거룩한 문헌과 예언자들의 유산에 의존하게 되었다. 고대 예언서(이사야 1-3서, 예레미야서, 에제키엘서, 그리고 소예언서 일부)를 체계적으로 다시 읽고 확장하여 재편집했고, 그 내용을 '얼어붙은' 역사의 먼 과거로 밀어 두기보다는 현재 속에서 재현하는 작업도 병행하였다. 한편 이스라엘은 내부 경쟁의 혼돈에 빠졌고 신흥 제국들의 변화무쌍한 운명에 시달렸다. 그들은 이 과정에서 거룩한 전통을 보존하는 문서들에 의지하게 되었으나, 그들의 종교 제도는 여전히 폐허로 남아 있었다. 이스라엘은 과거로부터 상속받은 '하느님 말씀'을 하느님이 모세와 "당신의 종들인 예언자들"을 통해 직접 주신 선물로 여기게 되었다. 예언서 독서에서 수백 번 되풀이되는 "주 하느님께서 말씀하신다"라는 상투적인 문구는 독자와 청중에게 말씀의 직접성을 일깨우는 기능을 한다. 곧, 이러한 글들을 통해 하느님이 실제로 당신 백성을 부르고 말씀하신다는 것이다. 성전 재건과 예배의 재개는 이러한 과정을 촉진했다. 제2성전기의 예배에서 거룩한 전승은 문서화된 자료와 더 긴밀히 연결되었고, 재건된 성전의 전례 양식은 고정된 형태로 문자화된 전승을 더 안정적이고 영속적으로 간직하게 하였다.

히브리 성경에서 각 권의 메시지는 단순히 문자로만 제시되지 않는다. '행위(또는 환시)와 말씀'으로 힘 있게 전달된다. 그럼에도 문서들을 필사할 때 단어들을 정확히 옮겨야 한다는 요구가 점점 더 커졌다. 그 결과 그리스도교 시대가 시작될 즈음에는 '영감을 받은 성경'이라는 개념이 하나의 혼합 개념처럼 되었는데, 이는 역설적으로 "주 하느님께서 '글을 통해' 말씀하신다"라고 요약될 수 있다. 유다교와 그리스도교 성경 전통 모두에서 거룩한 글이라는 개념은 여전히 '말씀하시는 하느님'이라는 이미지를 간직하면서도, 점점 더 고정된 문헌 형태에 초점을 맞추게 되었다.

신구약 중간기intertestamental period 말에 유다교는 성경을 여전히 익어 가고 수확이 가능한 '살아 있는 열매'라기보다 과거로부터 보존된 열매로 인식하기 시작했다. 이 시기에 예언 활동의 역사적 흐름은 서서히 사라지거나, 또는 전적으로 과거에 속하는 것으로 간주되었다. 아래 마카베오기 상권의 단락은 이러한 사고방식을 잘 드러내는데, 본문은 성전 재봉헌 뒤 더럽혀진 제단 문제로 딜레마에 빠지게 되었을 때의 일을 다룬다.

> 그들이 더럽혀진 번제 제단을 어떻게 할까 논의하는데, 좋은 생각이 떠올랐다. 이민족들이 제단을 부정하게 만든 일로 자기들이 조롱거리가 되지 않도록 그것을 헐어 버리자는 것이었다. 그리하여 그들은 제단을 헐어 버렸다. 그리고 예언자가 와서 말해 줄 때까지, 그 돌들을 성전산 적당한 곳에 쌓아 두기로 하였다(1마카 4,44-46).

집회서의 머리글은 그 책의 저자인 시라*Sirach*의 손자가 그리스어로 번역하여 작성한 것으로, 유다교 성경을 "율법과 예언서", 그리고 역사적 과거에 속한 기록 자료들의 모음인 '나머지 글들'(역자주: 《성경》은 "다른 선조들의 글")이라고 부른다. 그러면서 아주 소수의 글을 제외하고는 주로 이 글들에 전념해야 한다고 밝힘으로써 앞의 내용과 비슷한 관점을 드러낸다.[10] '거룩한 글들'의 정경 목록은 어떤 권위에 의해서도 폐쇄된 목록으로 공식 선언된 적은 없다. 하지만 기원전 200년경 헬레니즘의 영향 아래 살던 알렉산드리아 유다인들이 후원하여 이스라엘의 성경을 그리스어로 번역한 '칠십인역' 성경은, 당시 유다인들의 종교적·문화적 유산을 대표하는 '거룩한 글들'이라는 개념이 식별 가능한 관념이었음을 보여 준다. 그런 유산을 그리스어로 번역해 비유다인과 공유하는 일은 중대한 문학적 작업이었다. 덕분에 그레코-로만Greco-Roman 세계(역자주: 고대 그리스와 로마제국의 정치, 사회, 문화적 영향을 받은 지역을 일컫는 말)는 유다교의 '거룩한 글들'에 접근할 수 있게 되었다. 초기 교회가 로마 제국의 국제 언어로 유다교의 유산을 접할 수 있게 된 것은 하느님의 섭리였다. 칠십인역은 그리스도교가 유다교에서 분리되어 나올 때, 성서적 사고의 개념들을 그리스어로 표현하고 그것을 활용하는 패턴들을 제공하였다. 그리고 그리스도교는 예수 그리스도의 계시를 그리스어로 표현할 수 있는 도구를 찾게 되었다.

2.2. 신약성경에서 계시를 전달하는 책들

예수의 제자들은 글을 쓰지 않고 '복음'(토 에우앙겔리온*to euanggelion*)을 선포함으로써 활동을 시작했다. 복음이라는 말은 원래 예수의 말씀과 행적에 관한 메시지를 뜻했다. 초기 그리스도교 선교사들은 이 메시지를 유다교 성경의 성취로 제시했다. '예수의 사도들'이 처음 설교했던 소위 '사도적 선포*kerygma*'의 형식과 내용은, 대개 초기 교회의 가장 오래된 글들에 나오는 단편적 보고와 언급을 통해 간접적으로만 알 수 있다. 이런 문헌들은 두 부류로 나뉜다. 첫째 사도 바오로의 서간을 중심으로 형성된 문헌으로, 바오로는 자신이 세운 공동체들에 편지를 써서 메시지를 전달했다. 그는 기원후 48-50년경부터 네로 통치 시기인 65년경 세상을 떠날 때까지 그 공동체들과 편지로 연락을 주고받았다. 이 가운데 확실하게 바오로가 썼다고 알려진 편지는 테살로니카 1서, 갈라티아서, 코린토 1·2서, 필리피서, 필레몬서, 로마서이다. 이 가운데 로마서는 바오로가 방문하기 전에 이미 설립된 공동체에 보낸 편지였다. 둘째는 더 후대에 쓰인 문헌으로 마태오, 마르코, 루카, 요한복음서가 있다. 이들은 예수의 말씀과 행적을 에피소드 형식으로 들려준 뒤, 그분의 십자가 죽음과 부활의 초기 증거들에 관한 상대적으로 긴 내러티브로 끝을 맺는다. 대부분의 비평가가 동의하듯 마르코복음서의 마지막 단락(16,9-20)은 복음서의 원저자가 쓰지 않았다. 물론 어떤 과정에서 이 단락이 추가되었는지는 본문비평에서 특별히 논의해야 할 문제이다.

이러한 문서들은 짧은 시간 안에, 곧 예수의 지상 생활 뒤 약 20년 만에 예수 그리스도에 대한 신앙이 유다인과 비유다인 모두에게 맹렬히 퍼지기 시작했음을 보여 준다. 처음에는 팔레스티나와 시리아에서, 나중에는 다른 지역에서도 유다인과 이방인들 사이에 퍼져 나갔다. 제1차 유다 전쟁(66-73)으로 성전이 파괴되고 유다교 체제 전체가 무너진 뒤 얼마 지나지 않아 예수의 '메시지'와 '이야기'는 세 복음서(마태오, 마르코, 루카)와 바오로 서간들에 문서 형태로 고정되었다. 1세기 중반경부터 신약성경이 형성되기 시작했는데, 처음에는 개별 문서들이 대중 그리스어로 저술되었다. 그런 뒤에는 이 저술들이 '거룩한 글들'의 모음집으로 모아져, 사도 설교의 규범적 자료이자 기록으로 남았다. 대략 100년에서 125년 사이에는 오늘날 신약성경을 구성하는 거의 모든 글이 쓰였고, 2세기 말엽에는 신약성경이 제 꼴을 갖추게 되었다. 어떤 학자들에게는 이러한 연대 추정이 너무 관대해 보일 수 있지만, 대다수의 전문가들은 정경에 속하는 네 복음서가 파피아스의 저술(130년경)보다 먼저 편집되었고, 바오로 서간 모음은 마르키온의 '정경'(140년경)이 나오기 훨씬 전에 하나 이상의 판본이 있었다는 데에 대체로 동의한다.

그리스도교가 생기고 약 100년이 지나지 않아 교의의 진위나 정통성을 둘러싼 논란에 직면할 때마다 교회는 항상 두 부류의 문헌을 참고하기 시작했다. 첫 번째는 유다인의 경전으로, 흔히 '율법과 예언서'(특히 칠십인역에서)라 불렸다. 두 번째는 '사도적' 저술 모음으로, 주로 바오로가 쓴 것으로 여겨지는 서간(또는 사도 베드로와 요한, 주님의 '형제' 야고보의 서간), 그리고 예수의 최초 제자들(마태오와 요한)이나 그들의 직제자(마르코와 루카)가 쓴 것으로 여겨지는 복음서였다. 후에 '구약성경'이라 불리는 첫 번째 부류는 두 가지 판본으로 존재했다. 하나는 히브리어(아주 일부는 아람어) 판본이고, 다른 하나는 그리스어 판본이다. 그리스어 판본은 일부가 처음부터 그리스어로 쓰이기는 했지만 대부분 히브리어 판본의 번역이다. 사도 저술은 그리스어로 쓰였지만 유다인의 경전을 자주 인용했고, 인용을 할 때에는 대부분 칠십인역을 참조했다. 기원후 2세기에 그리스도인들은 자신들의 기원을 역사적 과거로 인식하기 시작했다. 유다교와의 분리 의식도 점점 커졌지만, 유다인의 거룩한 저술들을 경전으로 계속 사용했다.

약 100년 뒤 이레네우스와 테르툴리아누스의 시대에 그리스도인들은 신앙에 관해 논의할 때 이 두 부류의 경전에 주로 의존했다. 2세기 말에 이르러서는 '경전'에서 가져온 인용문을 요구하거나 구체적인 출처를 명시하는 일이 빈번해졌다. 여기서 '경전'이란 주로 칠십인역이나 사도적 복음서, 서간들을 의미했다. 이레네우스는 자신의 세 번째 작품 《이단 논박*Adversus haereses*》 서문에서 이것을 집약적으로 표현했다. 예를 들어 영지주의자들의 가르침을 설명한 뒤 "**성경**에서 증거를 제시하고", "교회가 **사도들에게서 받아** 교회의 자녀들에게 전달한 유일한 진리와 생명을 주는 신앙의 수호"를 계속할 것이라고 선언했다. 다시 말해서, 이레네우스에게 참된 그리스도교 가르침은 두 가지 자료에 바탕을 둔다. 곧 칠십인역에 번역된 성경과 사도들을 통해 예수의 가르침을 전하는 글들이다.

그리스도 교회가 유다교에서 분리된 일은 유다교나 그리스도교가 거룩한 책들의 정경 목록을 확정하기 전에 일어났다. 하지만 후에 두 종교 모두에서 정경의 형성이 신속하게 진행되었다. 그리스도인들은 네 복음서와 바오로를 비롯한 사도들(야고보, 베드로, 요한, 유다)의 서간과 더불어 칠십인역을 받아들였다. 칠십인역은 전세계 헬레니즘 문화권에서 율법과 예언서를 접할 수 있게 하는 통로였다. 한편 유다 전쟁(제1차 전쟁은 71년까지, 제2차 전쟁은 135년까지) 뒤에 살아남은 유다 공동체는 팔레스티나 바리사이 전통을 유다 경전의 기준으로 받아들이기로 결정했다. 유다 경전은 오로지 히브리어 본문에만 기초해야 한다고 주장하였다. 결국 유다인과 그리스도인은 서로 다른 두 정경 목록에 대한 충성을 선언했을 뿐 아니라, 더 중요하게는 거룩한 책들로부터 전해진다고 믿은 하느님 계시를 다르게 이해함으로써 서로 다른 길을 가게 되었다.

2.3. 계시 신학에서 일어난 변혁

교부 신학과 중세 신학에서 계시라는 성서적 개념은 중요한 변혁을 거쳤지만, 그 변혁이 완전히 정착되지는 않았다. 구약성경에서 하느님의 '말씀'은 창조에서 시작해서 구원 드라마의 마지막인 최후 심판까지 이어지는 하느님의 행동을 의미했다. 과연 모든 것은 하느님 말씀에 달려 있었다. "그분께서 말씀하시자 이루어졌고 그분께서 명령하시자 생겨났기 때문"이다(시편 33,9). 하지만 그리스도교 신학에서 계시는 개념이나 가르침, 교의를 전달하는 '소통의 말씀들'이라는 뜻으로 사용되었다. 이러한 발전의 끝에 토마스 아퀴나스가 있다. 그의 《신학대전*Summa Theologica*》 제1문제에서 '계시'라는 단어는 20회 등장하는데, 그때마다 도체레docere(가르치다), 인스트루에레instruere(지도하다) 등과 같은 동사와 함께 나온다. 이러한 동사들의 대상은 인간 지성이다. 이와 달리 제2차 바티칸 공의회 문헌, 〈하느님의 말씀〉은 다음과 같이 명확하고 강력하게 선언한다.

> 그래서 눈에 보이지 않는 하느님께서는 이 계시로써 당신의 넘치는 사랑으로 마치 친구를 대하시듯이 인간에게 말씀하시고, 인간과 사귀시며, 당신과 친교를 이루도록 인간을 부르시고 받아들이신다. 이

> 계시 경륜은 서로 긴밀히 결합된 행적과 말씀으로 실현된다. 구원의 역사 안에서 하느님께서 이루신 업적들은 가르침과 그리고 말씀들로 표현된 사실들을 드러내고 확인하며, 말씀들은 업적들을 선포하며 그 안에 포함된 신비들을 밝혀 준다. 이 계시를 통하여 하느님과 인간 구원에 관한 심오한 진리가 중개자이시며 동시에 모든 계시의 충만이신 그리스도 안에서 우리에게 밝혀진다(2항).

공의회는 분명히 말한다. 하느님은 그저 개념이나 말씀이 아니라 **당신 자신**을 드러내셨으며, 표징을 보이심으로써가 아니라 당신을 인격적으로 드러내셨다. 이러한 자기 드러냄은 '구원 역사'에서 일어나고, 육화한 말씀이신 예수 그리스도에게서 절정에 달한다.

〈하느님의 말씀〉 제2장은 같은 관점에서 영감을 정의한다. 계시를 글로 전달하는 목적이 계시의 영구적 보존이라고 밝히고, 계시를 받아 전달하도록 선택된 사람들이 누구인지를 이야기한다. 계시는 두 집단의 사람들에게 맡겨졌다. 첫 번째는 '예언자'로 예수 그리스도의 강생을 준비하고 예언한 이들이다. 두 번째는 예수의 직제자들로 사도라 불리는 이들이다. 이들은 성령의 감도로 깨우침을 얻고 가르침을 받아 '첫 구두 설교'를 시작했고 후대에는 다른 이들이 그 뒤를 따랐다. 마침내 '사도들의 직제자'라고 불리는 이들은 사도들의 설교와 계시를 글로 남기는 데 도움을 주었다.

제2장 7항의 주석은 트리엔트 공의회를 언급하지만 〈하느님의 말씀〉은 여기서 2세기 이레네우스와 테르툴리아누스의 저술까지 거슬러 올라가는 교의와 언어를 사용한다. 동시에 공의회는 새롭게 정

식화된 계시 개념을 도입함으로써 트리엔트 공의회에서 시작되어 4세기 동안 지속된 신학적 갈등을 해결하고자 한다. 성전(聖傳, Tradition)과 성경 가운데 어느 쪽이 더 우선하는지, 다시 말해 이들이 그리스도 계시의 단일 원천을 형성하는지, 아니면 이중 원천을 형성하는지를 결정해야 하는 문제가 트리엔트 공의회 때부터 있었던 것이다. 이 문제는 트리엔트 공의회 이후에 해결되지 않은 채 남아 있었다. 많은 이는 공의회가 그 문제를 해결할 수 없었거나 해결하고 싶어 하지 않았기 때문에 이를 미루었다고 생각했다.

결국 〈하느님의 말씀〉은 성경의 영감이라는 개념을 계시라는 더 크고 넓은 개념에 종속시켰다. 그리고 다른 한편으로는 구전 전승과 기록 전승 사이의 유기적 고리를 강조했다. 하지만 제2장 뒤에는 문헌의 마지막 문장에 한 번 언급되는 것을 제외하고 '계시'라는 단어가 더는 등장하지 않는다. 그 결과 〈하느님의 말씀〉은 제1장에서 주목했던 계시와 영감 사이의 연결 고리를 충분히 발전시키지 못했다.

2.4. 〈하느님의 말씀〉에서 영감의 개념

2.4.1. 하느님 저자

제2차 바티칸 공의회가 성경의 영감을 다루는 방식은 사실 그리스도교 시대 이전에도 이미 존재했다. 유다교와 그리스도교 모두에서 신자들과 신학자들은 성경에 일종의 '이중 기원', 곧 신적 기원과 인간적 기원이 있다고 보았다. 논리적으로 볼 때, 이러한 견해는 두 단계를 내포한다. 첫째, 어떤 인간의 **말**이 하느님의 말씀을 전달한다고 여겨진다면, 이 말씀이 인간 중재자를 통해 하느님에게서 왔다는 결론을 피할 수 없다. 여기에 이어지는 두 번째 결론은 **문자 형태**의 하느님 말씀도 하느님에게서 왔다는 것이다. 성경 본문에서 이 두 단계가 명확히 구분되어 나타나지 않는다. 일반적으로 성경 본문은 하느님이 직접하신 말씀, 또는 인간 저자가 하느님 말씀을 인용한 것으로 여겨지기 때문이다. 영감을 학문적으로 논의할 때에만 두 번째 단계가 첫 번째 단계와 분명히 구별된다. 하지만 성경을 하느님의 **말씀**이라고 지칭하는 관습은 현대까지 계속 사용되었다.

최근 몇 세기 동안 신학자들은 말씀을 글로 옮긴다는 측면에서 성경 본문의 이중 기원을 어떻게 이해해야 하는지 묻기 시작했다. 이러한 질문은 결국 신과 인간 두 저자가 말씀을 **글로 옮겼다**는 가정에 이르렀다. 단순한 유비analogy가 아니라 아니라 실제로 두 저자가 있다는 의미로 이해할 수 있는지 질문이 제기된 것이다. 그런데 현재까지 성경 본문은 계속해서 전통적 어구("그러므로 주님께서 말씀하신다" 또는 "이는 하느님의 말씀이다" 등)와 함께 인용되어 왔다. 이는 마치 '예언자와 사도'의 설교를 통해 **피데스 엑스 아우디투fides ex auditu**['들음으로써 믿게 됨'(로마 10,17 참조)], 곧 계시를 들을 수 있게 전달받았다고 진술하는 것과 같았다. 최근 2세기 동안 가톨릭교회의 가르침은 성경의 신적 기원을 말씀을 **글로 옮긴** 저자라는 측면에서 다루기 시작했다. 19세기 후반과 20세기 초 스콜라 신학 교과서들은 **글로 옮겼다는 의미에서** 하느님이 성경 본문의 저자라고 주장하는 경향이 있었다. 이들은 아욱토르auctor라는 라틴어 용례를 근거로 하느님 저자와 인간 저자가 동일하다는 주장을 증명하려고 애썼다. 하지만 이는 불운한 일이었다. 아욱토르라는 라틴어는 현대에서 사용하는 '저자'보다 훨씬 더 넓은 의미를 가지고 있기 때문이다. 사실 라틴어로 쓰인 교도권 Magisterium 문서(역자주: 교황이나 주교 등이 교회의 가르칠 권리를 가지고 선포한 문서)에서 아욱토르라는 말을 집필 저자로 이해해서는 안 된다. 가장 오래된 교부 문헌들도 인간 저자와 대조되는 하느님 저자에 관해 이야기하지 않는다. 그들은 마르키온과 마니교에 대항하기 위한 명백한 신학적 의도 속에서 구약과 신약이 모두 동일한 창조주 하느님에게서 비롯되었다고 진술했을 뿐이다. 곧 신구약 성경이 하느님 한 분에게서 온 것으로 보아야 한다고 말하지만, 하느님이 집필 저자라는 이야기는 전혀 하지 않는다. 테르툴리아누스의 글에 그러한 내용이 나오지만, 성경의 영감에 관해 이야기하는 것이 아니라, 하느님은 오직 한 분이시며, 성경도 하나의 신적 아욱토르에 근거해 단일성을 지닌다는 교의를 전하는 것이었다. 반면 교부 라틴어와 중세 라틴어에서 아욱토르는 늘 '창조주'와 동의어로 사용되고, 집필을 한 저자를 의미하는 단어로는 사용되지 않았다.

2.5. 하느님과 인간의 저술, 그리고 영감의 개념

성경의 저자가 하느님과 인간이라는 교회의 전통적 가르침은 근대에 들어 변화를 겪었고, 특히 제2차 바티칸 공의회 이후에 그러했다.

2.5.1. 〈하느님의 말씀〉 이전

두 차례의 바티칸 공의회 사이에 출간된 신스콜라주의 교과서에는 다음과 같은 전제들이 흔히 발견된다.

(1) "하느님이 성경의 저자이시다Deus est auctor Scripturae"라는 진술은 교부들의 이견 없는 확신을 드러내고, 토마스 아퀴나스를 포함한 모든 중세의 저자가 그것을 일반적으로 받아들인다.

(2) 2세기로 거슬러 올라가는 고대 문헌에서 아욱토르라는 단어는 '집필 저자auctor litterarius'를 뜻한다.

(3) 앞의 두 진술은 가톨릭 신앙의 신조로서, 교회가 **교도권**을 행사하여 오류 없이 가르친 내용으로 여겨져야 한다.

지난 2세기 동안의 모든 교황 회칙[가장 중요하게는 레오 13세의 〈섭리하시는 하느님*Providentissimus Deus*〉(1893)과 베네딕토 15세의 〈위로자이신 성령*Spiritus Paraclitus*〉(1920), 그리고 비오 12세의 〈성령의 영감*Divino Afflante Spiritu*〉(1943)과 〈인류*Humani Generis*〉(1950)]은 '이중 저자'라는 용어를 사용하고 하느님을 성경의 아욱토르로 본다. 하지만 이들 중 어느 문헌도 명확하게 하느님이 '집필 저자'라는 말은 하지 않는다. 모두 그러한 해석을 허락하거나 이따금 선호하기는 하지만 말이다.

고전 라틴어에 대한 지식이 퇴보하는 가운데 이런 문헌들을 자국어로 옮기면서, 아욱토르라는 단어를 현대적 의미의 '저자'와 같은 말로 사용하게 되었다. 그래서 하느님이 성경의 집필 저자라는 점이 흔히 신앙의 조항으로 간주되었다. 고대 문헌에 아욱토르라는 말이 나온다고 해서 이런 결론이 정당화될 수 없다는 점을 의식하는 학자들은 소수에 불과했다. 대중 라틴말 성경Vulgata에서 "구원의 저자"(히브 2,10; 12,2; 역자주: 《성경》은 "구원의 영도자"라고 옮겼다), "생명의 저자"(사도 3,15; 역자주: 《성경》은 "생명의 영도자")와 같은 표현은 집필 저자와 아무런 관련이 없다. 그리스어 성경에서 아욱토르에 상응하는 단어는 문서 집필과 연결되지 않는다. 그리스도교 라틴어에서 아욱토르는 '창조주'와 동의어이다. 그러니 고대 문헌과 최근 문헌에서 그 단어는 집필 저자를 뜻하지 않는다. 더구나 라틴어에서 집필 저자는 스크립토르scriptor('작가')라고 한다. 그리고 이 단어를 하느님에게 사용하는 일은 없다.

그럼에도 1943년, 성경과 관련하여 비오 12세에게 가장 많은 조언을 했던 독일 예수회 신학자이자 훗날 추기경이 된 아우구스티누스 베아Augustinus Bea는 데우스 아욱토르 스크립투레Deus auctor scripturae[11]라는 문구의 의미에 관해 소논문을 발표했다. 이 논문에서 그는 교도권 문서뿐만 아니라, 성 토마스 아퀴나스의 저술들, 그리고 대부분의 고대 라틴 문헌까지도 모든 성경 본문의 저작자가 하느님이심을 증명했다고 주장하였다. 비슷한 시기에 회칙 〈성령의 영감〉이 반포되었고 이는 대다수의 가톨릭 성서학자들에게 열렬한 호응을 얻었다. 그때까지 하느님이 성경을 쓰셨다는 주장은 새로운 것이 아니었다. 베아 자신이 1935년에 쓴 신학 교재를 포함해 로마 가톨릭교회에서 사용하는 교과서들에 그러한 주장이 포함되었기 때문이다. 1958년 칼 라너Karl Rahner가 이 '전통적' 교의(Deus auctor scripturae)에 대한 논박을 시작했을 때 베아의 책을 거듭 언급했다. 또한 하인리히 회플Heinrich Höpfl이 쓰고 벤노 굿Benno Gut이 편집한 뒤 몇몇 저자들이 개정한 고전적 영감론 교재에서도 같은 입장을 보였다. 그들은 "전통에 따르면 '저자'라는 단어는 일반적 용례에 따라 성경을 하느님이 쓰셨다는 의미로 사용되었다"고 기술한다.[12] 하지만 라너는 베아가 주장하는 교부 문헌의 증거들을 따져 보기보다는 전통적 교의라고 믿으며 당연하게 받아들였던 것들에 대해 의문을 제기하기 시작했다.

2.5.2. 〈하느님의 말씀〉 본문에서

하느님의 계시에 관한 교의 헌장 〈하느님의 말씀〉은 아욱토르라는 단어를 조정된 방식으로 사용한다. 〈하느님의 말씀〉은 제1차 바티칸 공의회 문헌을 문자 그대로 인용하면서 전통적 가톨릭의 가르침에 따라 성경 본문의 저자는 하느님임을 재확인한다. 그런 뒤에 하느님을 인스피라토르 엣 아욱토르inspirator et auctor('영감을 주신 분이자 저자')라고 부르고, 인간 저자들을 베리 아욱토레스veri auctores('실제 저자들')라고 명명한다. 〈하느님의 말씀〉에서 '저자'라는 단어는 하느님에게 두 차례 사용된다. 11항에서, 제1차 바티칸 공의회 문헌을 인용한 각주와 함께 이 표현이 등장하는데, 이때 이 단어는 영감의 주체이신 성령을 가리키는 데 사용된다(성령의 영감으로 쓰여졌기에 하느님을 저자로 가진다Spiritu Sancto inspirante conscripti Deum habent auctorem). 이는 인스피라토르라는 단어를 사용한 것과 다르지 않다. 그러나 이 단어(inspirator)는 인간 저자들에게는 결코 적용할 수 없으며, 이들은 단지 '영감을 받은 저자들auctores inspirati'이라고 불린다. 따라서 아욱토르라는 단어는 하느님 저자와 인간 저자 모두에게 적용되지만 구체적 의미는 다르다. 성경의 이중 기원에 관한 이러한 진술에는 분명 의도적 불균형이 있다. 오로지 인간 저자들만이 '실제 저자들'이라 불리고 하느님은 '실제 저자'라 명명되지 않기 때문이다. 그러므로 〈하느님의 말씀〉에서 베루스 아욱토르verus auctor는 인간 저자만을 가리킨다. (오늘날) 일상적 의미에서 집필 저자는 오직 인간이라는 의미다. 이러한 변화는 〈하느님의 말씀〉 초안 작성에 참여한 칼 라너의 영향으로 설명할 수 있다. 1958년 라너는 하느님을 성경의 우어헤버Urheber(기원자, 영감을 부여하는 근원)라 부르자고 제안했으며, 오직 인간 저자만을 페어파서Verfasser(문학적 의미에서 '저자')라 불러야 한다고 주장했다. 이러한 구분은 〈하느님의 말씀〉에 반영되어 하느님을 인스피라토르 엣 아욱토르(영감을 주신 분이자 저자)라 부르고, 인간 저자를 베루스 아욱토르(실제 저자)라 부른다.

하지만 우리는 〈하느님의 말씀〉의 전체 맥락이 여전히 계시라는 주제 안에 있음을 인식해야 한다. **계시자**인 하느님은 "여러 번에 걸쳐 여러 가지 방식으로"(히브 1,1) 인간과 소통하는 분이시다. 이러한 소통은 역사가 흐르는 가운데 다양한 수단을 통해, 하느님이 계시하시는 바를 말(구두)로, 또 글로 표현함으로써 이루어진다. 문헌의 전체 맥락을 보면 '계시'는 말씀과 행위를 모두 포괄하는 보다 일반적 개념이며, '영감'은 후속 단계에 속하는 하느님의 행위로, 인간 저자들이 하느님의 계시를 글로 표현하도록 격려하고 인도한다. 〈하느님의 말씀〉이 거듭 강조하듯이, 이 과정에서 '하느님의 저술divine authorship'은 인간에게 영향을 미치는 하느님의 작용으로 이해해야 한다. 하느님은 인간 저자들에게 고정된 문자 표현을 만들게 하시어, 기록된 성경 본문 속에서 계시가 여전히 살아 있는 형태로 하느님 말씀을 전달하게 하셨다. 따라서 '성경에 담기고 보존된' 하느님의 계시는 '성령의 감도로 기록된' 것이다(11항).

〈하느님의 말씀〉에서 '하느님의 저술'이라는 표현을 정확하게 이해하는 일은 단순한 어휘적 문제를 넘어선다. '영감을 주신 분이자 저자'라는 표현은 '하느님이 인간 저자들이 하는 방식으로 책을 쓰신다'는 식의 오해를 피할 뿐만 아니라, 하느님의 계시가 그분의 말씀과 행위 안에서 시작되어 문자로 표현된 성경을 통해 계속된다는 것을 나타낸다. 인간 저자들은 자신들을 격려하고 인도하는 '하느님 저자'의 활동에 한계를 설정하지 않는다. 비록 인간 저자가 온갖 창의적·전문적 기술을 가지고 있을지라도, 계시를 전달하는 과정에서 인간 저자의 역할은 시간에 묶여 있고 문화적으로 제한된다. 그래서 그들이 기록한 내용은 인간 조건의 제약을 받는다. 하지만 성경이 기록되는 과정에서 인간 저자를 당신 도구로 쓰시는 하느님의 저술 행위는 초월성과 주권을 잃지 않는다. 따라서 글을 쓰는 동안 인간 저자들의 실제 사고방식(인간 저자의 의도)은 영감을 주시는 하느님 저자의 의도와 동등하다고 할 수 없다.

영감을 받은 저자들에 의한 계시 전달은 하느님과 인간 저자들이 같은 수준에서 바통을 주고받는 '릴레이 경주'가 아니다. 즉, 하느님과 인간이 한 줄에 서서 하느님에게서 기원한 생각과 개념들을 이어받아, 최종적으로 하느님의 생각이 인간의 사고와 창의력 속에 동일하게 표현된다는 식으로 이해할 수는 없다. 이런 각본에서 하느님의 생각은 인간 작가의 의도로 축소된다. 하지만 하느님이 인간 저자들을 당신 생각을 표현하기 위한 도구로 사용하신다고 해서 하느님의 말씀이 인간의 말 속에 갇히는 것은 아니다. 만약 하느님이 성경 본문의 문학적 저자로서, 거룩한 글의 저자hagiographer와 같은 의미로 이해된다면, 그분 말씀은 인간의 자기 표현과 완전히 합쳐질 것이다. 이러한 이론은 하느님의 말씀을 인간 저자가 그대로 받아 적었다고 믿는 순진한 개념이나 하느님에게 사로잡힌 상태에서 글을 썼다는, 받아들일 수 없는 개념으로 이어진다. 그 경우 인간 저자의 생각은 오직 하느님의 생각과 정확히 겹치는 부분만을 담게 되어, 그 이상도 이하도 표현할 수 없게 된다. 하느님이 (인간 저자처럼) 직접 집필하셨다는 개념은 하느님의 말씀과 인간 저자의 집필을 단일한 실체로 축약하여 성경 말씀의 고유한 특성, 다시 말해 성령의 무한한 힘을 전달하는 초월적 성격과 성경 말씀의 잠재력을 박탈한다. 바오로 서간은 우리에게 이렇게 상기시킨다. "하느님께 사랑받는 형제 여러분, 우리는 여러분이 선택되었음을 압니다. 그것은 우리 복음이 말로만이 아니라 힘과 성령과 큰 확신으로 여러분에게 전해졌기 때문입니다"(1테살 1,4-5). '하느님이 성경의 저자이심'을 인간 저자와 동등한 문학적 행위로 이해한다면, 구원 역사의 단일성에 뿌리를 두는 성경의 일체성(요즘 언어로 하자면 '정경적 맥락')은 사라질 것이다. 인간 저자의 저술 의도는 필연적으로 유한한 인간 삶의 지평에 제한되고, 그 결과 구원 역사의 충만함을 담을 수 없기 때문이다. 성경의 일체성은 인간 저자가 아니라 하느님에게 유래한다. 이런 이유에서 2세기부터 교회 시노드와 공의회뿐만 아니라 교부들의 문헌은 구약성경과 신약성경 모두에 영감을 준 '같은 성령'에 관해 이야기한다. 성령만이 성경의 모든 부분을 그리스도와 연결시킴으로써 구원 역사 속 연속성을 보장할 수 있기 때문이다. 마찬가지로, 하느님 저자의 영향이 문자적 저술보다 더 높은 질서에 속함을 전제해야만 성경 말씀의 성취나 그리스도 안에서 드러나는 말씀의 충만함(이를 두고 센수스 플레니오르sensus plenior, 곧 '영적 의미'라고 할 수 있을 것이다)이 성경 본문의 진정한 의미라고 말할 수 있다. 아욱토르 스크립투레인 하느님은 시간을 넘어서는 분으로서 집필 저자의 한계를 넘어서는 초월적 저술을 행사하신다.

결과적으로 옛 교부들의 금언에 나오는대로 성경은 그것을 쓴 같은 성령 안에서 해석되어야 한다. 〈하느님의 말씀〉에서도 같은 견해가 드러나지만 하느님과 인간 저자가 본문의 의미를 결정하는 방식 사이에 근본적인 차이가 있음을 강조한다.

> 성경 해석자는 하느님께서 우리에게 전달하고자 하신 것이 무엇인지를 알기 위해 **성경 저자들이 정말로 뜻하고자 한 것이 무엇**이며, 하느님께서 그들의 말을 통하여 나타내고자 하신 것이 무엇인지를 주의 깊게 연구해야 한다. … 그러나 **성령**을 통해 쓰인 성경은 **성령**의 도우심으로 읽고 해석해야 하기 때문에, **성경 본문들의 뜻**을 올바로 알아내기 위해서는 전체 교회의 살아 있는 전통과 신앙의 유비뿐만 아니라 그에 못지않게 **성경 전체의 내용과 일체성**을 세심하게 고려해야 한다(〈하느님의 말씀〉 12항).

현대의 영감 신학에서는 영감을 받은 저자의 주체성에 초점을 두고 성경 본문의 의미를 인간 저자의 의도와 동일시하는 경향이 있다. 일부 학자들은 역사비평적 접근으로 성경을 해석하며 자신의 작업은 오직 '저자의 의도'를 재구성하는 것으로 그것만이 본문의 진정한 의미를 밝힐 수 있다고 주장한다. 하지만 이는 본문이 어떤 의미를 지닐 수 있고 또는 지닐 수 없는지를 밝히려는 주석가에게 처음부터 한계를 느끼게 한다. 동시에 이러한 방법은 성경을 조각내어 개별 구성 요소로 다루는 경향을 조장한다. 자료비평source criticism의 도래와 함께 파편화 경향은 개별 성경의 수준을 넘어, 각 권을 구성하는 문서 자료까지 세분화하게 했다. 이러한 접근 방식은 신학적 해석을 점점 더 난해하게 만들었으며, 나아가 역사비평 방법의 일부 적용과 양립할 수 없는 것처럼 보이게 만든 근본적 이유 중 하나였다.

성경의 신적 저자를 마치 대필 작가를 둔 문학 작가처럼, 즉 다른 저자의 뒤에 숨어 있는 또 다른 문학적 저자로 묘사하는 것은 잘못된 방향이다. 교도권과 고대 전통은 "영감 받은 저자들, 또는 성경 저자들이 주장하는 모든 것은 성령께서 주장하신 것으로 여겨야 한다"(〈하느님의 말씀〉 11항)라고 분명히 가르친다. 그러나 그 역逆은 성립하지 않는다. 즉, 성령께서 성경 안에서 단언하신 모든 것이 반드시 인간 저자들이 의식적으로 이해하고 완전히 파악한 내용은 아니다. 오직 하느님만이 성경 본문의 완전한 의미를 아신다. 그럼에도 불구하고, 영감을 받은 본문은 역사적 방식으로 그 계시적 역할을 수행한다. 즉, 하느님의 구원 계획의 흐름 속에서 과거의 말씀과 행위를 비추어 해석하게 하며, 하느님께서 미래에 더욱 완전하게 드러내실 뜻을 예견한다. 요약하자면, '하느님이 성경의 저자'라는 말은 하느님과 인간이 공동으로 집필한다는 뜻도 하느님이 인간적인 의미에서 "작가"가 된다는 뜻도 아니다. 따라서 적절한 영감 신학은 하느님이 문학적 의미에서의 저자는 아니면서도, 어떤 의미에서 '성경의 저자'가 될 수 있는지를 탐구해야 한다

하느님의 성경 '저술'을 문학작품의 저술과 같은 의미로 이야기하는 것은, 하느님 저술divine authorship의 초월적 성격을 모호하게 할 위험이 있다. 이것은 하느님과 인간을 "동일한 경기장" 위에 두어, 인간과 하느님이 '협력'하는 것만이 아니라 서로의 자유를 제한하며 경쟁하는 것처럼 보이게 만들기 때문이다. 인간 저자는 분명 '이야기의 끝'인 종말론적 완성의 차원을 알지 못함에도 말이다.

그럼에도 불구하고 20세기 중반까지 성경 본문의 이중 저자설은 대부분의 교과서에서 받아들여진 가르침이었다. 이 교리는 성 토마스 아퀴나스의 《신학대전》에서 옮겨온 도구적 인과성 교의와도 잘 맞아떨어졌다. 맥락이 상당히 다르기는 했지만, 성 토마스는 실제로 이 주제를 《신학대전》 제2부 제2편 문제 171-174 예언에 관한 부분에서 다루었다(II-II, q. 171-4). 신토마스주의자들은 이 이론을 원래 맥락에서 분리하여 예언서만이 아니라 그들이 '거룩한 글의 작가'라고 부른 모든 성경 저자에게 적용했다. 이렇게 토마스주의의 가르침을 새로운 맥락에서 이해하는 풍조는 20세기 내내 유행했다. 그리고 그것은 예언에 관한 토마스주의적 교의의 '타당한 확장'으로 여겨졌다.[13] 하지만 〈하느님의 말씀〉은 신스콜라주의적 통합이 전제하는 내용에 문제가 있음을 의식했다. 그래서 도구적 인과성이라는 표현과 관련된 모든 언급을 생략하고, 하느님을 '집필 저자'로 언급하는 것을 피한다.

(1) 하느님 저자

〈하느님의 말씀〉이 제시한 계시에 관한 내용은 반대 없이 받아들여졌다. 하지만 영감에 관해서는 그렇게까지 일치되지 않았다. 〈하느님의 말씀〉은 하느님의 직접 저술이라는 개념을 지지하지 않으면서도 '이중 저자'라는 전체적 그림은 유지했다. 문서를 처음 읽으면 공의회가 "영감에 관한 전통적 가르침을 개괄하는 것"[14] 외에 무엇을 더 해보려는 생각이 없었다는 인상을 받을 수 있다. 이미 제2차 바티칸 공의회 이전부터 영감에 관한 교의는 쇠퇴하고 있었던 것 같다. 레이먼드 콜린스Raymond Collins는 "침묵으로 (성경의) 영감을 거부하는 자유주의 개신교 신자들"[15]에 관해 이야기한다. 또한 그는 1991년 저작에서 영감에 관한 "최근 가톨릭 저작들"은 "사실주의"라는 특징을 갖는다고 덧붙인다. 그런 글들이 상세한 설명 없이 성경이 하느님의 말씀인 동시에 인간의 말로 쓰였다는 데에만 초점을 맞춘다는 뜻이다. 공의회 이후 가톨릭 성서주석학이 역사비평 방법에 완전히 빠져들어 갖가지 실험을 하면서, 갑자기 영감 신학 전체가 쓸모없고 사변적인 논의처럼 보이기 시작했다. 성경의 진리('무오성')에 대한 전통적 접근법은 새로운 주석 경향에서 중요하게 여겨지지 않았다. 이러한 문제는 이미 〈하느님의 말씀〉에서 감지할 수 있다. 문서 초반부에 광범위하게 다루었던 '구원-역사적' 전망은, 2장에서 '줄어들고' 흐려져 아주 조심스러운 견해로 축소된다. 즉, '행동과 말씀'으로 표현된 계시 대신, 성령의 보증 아래 인간 개인에게 전달되는 '계시된 진리'로 그 초점이 바뀐 것이다.[16] 계시에 관한 문헌인 〈하느님의 말씀〉이 다른 주제들을 간략하게 설명한 것이 문제 되지는 않는다. 하지만 공의회 교부들과 그들의 신학 자문위원들은 영감이라는 주제를 더 깊이 다룰 준비가 되지 않았다는 사실을 인식했을 것이다.

더 구체적 의미에서도 준비되지 않은 측면이 있었다. 라너는 이 주제를 '숙고Durchdenken'(새롭게 철저히 재사유)할 것을 요청했지만, 교부들의 영감 신학에 관한 논문이나 단행본 연구와 같은 산발적 응답만이 있었을 뿐이다. **데우스 아욱토르**라는 표현을 사용할 때, 교부들이 하느님이 성경을 직접 쓰셨다고 한목소리로 가르쳤다는 아우구스티누스 베아의 주장에 도전하는 이는 없었다. 베아의 주장에 설득력 있는 증거가 부족하다는 사실을 입증한 반박 연구 역시 출판되지 않았다. 이 때문에 70년이 지난 지금도 스콧 한Scott Hahn이 베아의 논문을 '오랜 교부 전통을 증언하는 문헌'으로 여전히 인용할 수 있었다.[17]

제2차 바티칸 공의회 이전, 1세기 동안 신학자들은 계시와 영감을 구분할 것을 계속해서 고집했다. 하지만 〈하느님의 말씀〉에 도입된 계시 개념은 오히려 정반대의 접근을 요구했다. 계시는 처음에는 구전으로, 나중에는 문서를 통해 전달되었는데, 그 과정에서 성전과 성경이 서로 긴밀하게 연결되었다는 것이다.

하지만 제2차 바티칸 공의회는 이 문제에 관해 진퇴양난에 처했다. 어려움은 트리엔트 공의회 문헌의 해석에서 시작되었다. 제2차 바티칸 공의회가 열리기 직전에 가이젤만Geiselman은 트리엔트 공의회가 이 문제에 관해 결정을 내리지 않았으며, 성경과 성전이 각각 계시된 진리 전체의 일부(partim … partim)만을 포함하고 있다고 선언하지도 않았음을 보여 주는 새로운 해석을 발표했다.[18] 공의회 직전 10년 동안 이 주제는 대단히 민감한 문제가 되었고, 이 논쟁에 대한 극보수주의의 입장이 공의회 준비 위원회 문헌인 〈계시의 여러 원천에 관하여*De fontibus revelationis*〉에 포함되었다. 1962년 11월 요한 23세 교황의 중재로 이 주제는 공의회 의제에서 제외되었다. 그리고 〈하느님의 말씀〉의 초안을 준비하던 새 준비 위원회가 1964년 3월 7일 마지막 회기에 이 주제를 다시 논의하기까지 거의 2년이 걸렸다.[19] 하지만 〈하느님의 말씀〉을 위한 '산통'은 끝나지 않았다. 마지막 회기 중에 성경의 무오성 문제를 해결하기 위한 또 다른 교황 중재가 있었다. 이 사실만으로도, 제2차 바티칸 공의회 이후 〈하느님의 말씀〉이 계시 자체보다 성경의 영감과 무오성 문제를 둘러싸고 논쟁과 엇갈린 반응을 불러일으킨 이유를 짐작할 수 있다. 〈하느님의 말씀〉에 대한 반응은 〈전례 헌장*Sacrosanctum Concilium*〉, 〈교회 헌장*Lumen Gentium*〉과 같은 공의회의 다른 문헌들이 얻었던 열광적인 반응과 대조를 이루었다.

교황 베네딕토 16세는 〈하느님의 말씀〉을 더 적극적으로 수용하도록 촉진하기 위해 많은 노력을 기울였다. 2009년 세계주교대의원회의 정기 총회 후속 교황 권고인 〈주님의 말씀*Verbum Domini*〉에서 성경을 보다 신학적으로 근거 있는 방식으로 해석해야 한다는 주제를 강조했다. 이 문헌에서 교황은 성경의 '하느님 저술'이라는 주제로 되돌아갔다. 또한 교황은 성경의 이중 저자라는 주제를 꺼냈지만 단어 선택에 약간에 변화를 주었다.

거룩한 본문을 인간의 말에 담긴 하느님 말씀으로 이해하기 위하여 핵심이 되는 개념은 분명 **영감**입니다. 여기에서도 유비를 제시할 수 있습니다. 하느님의 말씀께서 성령의 작용으로 동정 마리아의 태중에 강생하셨듯이, 성경은 같은 성령의 작용으로 교회의 태중으로부터 태어나는 것입니다. 성경은 "성령의 감도로 기록되었으므로 하느님의 말씀"(〈하느님의 말씀〉 9항)입니다. 이로써, 영감 받은 본문들을 쓴 인간 저자의 중요성을 온전히 인정하는 동시에 **하느님 바로 그분을 참저자(베루스 아욱토르verus auctor)로 인정**하는 것입니다.

흥미롭게도 우리는 마지막 구절에서 〈하느님의 말씀〉에 사용된 용어를 반전시킨 듯한 표현을 발견하게 된다. 〈하느님의 말씀〉에서 '베루스 아욱토르'는 인간 저자에게만 사용되었기 때문이다. 이것은 베네딕토 16세 교황이 실수를 했기 때문이 아니다. 〈하느님의 말씀〉의 초안 작성자 가운데 가장 젊은이 중 하나였던 요제프 라칭거가 이제 나이가 들어 〈하느님의 말씀〉에 '베리 아욱토레스veri auctores'라는 표현을 넣게 한 칼 라너와 '승부를 가릴' 기회로 삼은 것도 아니다. 오히려 교황은 라너가 독일어 의미론(기원자Urheber 대 저자Verfasser)으로 문제를 제기한 표현이자, 비독일어권 신학자들이 이해하기 어려웠던 그 표현을 이전의 교황 회칙들에 사용된 단어로 되돌린 것으로 보인다. 〈주님의 말씀〉에서 하느님은 그저 성경의 '궁극적 저자ultimate auctor'(기원자, 창조자, 형성의 원천)라는 의미에서 베루스 아욱토르라 불린다. 본문의 영어판은 이것을 정확하게 표현한다. 정관사(The)를 사용하지 않는 라틴어에서는 정확히 표현할 수 없지만, 하느님은 그냥 실제 저자가 아니라 **유일한** 실제 저자라는 것이다. 교황 베네딕토 16세는 하느님이 집필 저자라고 주장하지 않으면서도 성경을 하느님이 쓰셨다는 의미로 '데우스 아욱토르 스크립투래Deus auctor scripturae'라는 표현을 다시 사용했다. 영감에 관한 특정 이론에 얽매이지 않으면서 전통적 표현을 다시 살린 것이다.

(2) 인간 저자 또는 '거룩한 글의 작가'

몇몇 예외가 있지만 고대 그리스도교 전통에서는 개별 성경마다 단 하나의 저자가 있다고 보는 경우가 흔했다. 현존하는 대부분의 필사본에서 신약성경의 각 권 제목은 일관되게 단일 복음사가나 단일 사도(바오로, 베드로, 요한, 야고보, 유다)와 연결된다. 하지만 바오로의 일곱 편지에는 최소 1명 이상의 발신자가 함께 언급된다. 그럼에도 불구하고, 전통적 주해에 반영되어 있듯이, 바오로는 이 모든 편지에서 자기 자신의 이름으로 말한다. 그러므로 정식 제목과 전례에서 사용할 때 그 편지들을 '사도 바오로의 서간들'이라 부르는 게 합당하다. 베드로와 야고보, 유다의 서간은 한 사도의 이름만 발신자로 명시한다. 요한의 세 '서간'은 특별한 경우이고 히브리인들에게 보낸 서간도 마찬가지다. 요한 1서는 분명 편지가 아니고 다른 두 서간은 발신자를 "원로"라고만 밝힌다. 히브리인들에게 보낸 서간도 서간의 형식 요건을 갖추지 못했다. 하지만 마지막 부분에서 저자가 바오로 사도임을 넌지시 밝힌다는 이유로(히브 13,23) 정경에 포함되었다. 기본적으로 전통은 성경의 각 책에는 단 한 사람의 저자, 또는 적어도 단일한 권위를 가진 인물이 있다고 보았다.

구약성경의 경우에는 저자 추정 문제를 이렇게 단순화할 수 없다. 우리는 본문과 제목에 드러난 전통적 저자 추정에서 어느 정도 일관성을 발견하지만, 충돌을 가져오는 많은 다양성 역시 발견한다. 이러한 예는 많다. 유다인과 그리스도인 모두 전체 시편을 집합적으로 다윗의 작품으로 여기는 관습이 있고, 시편의 부제들도 이를 뒷받침한다. 고대 전통에서는 일반적으로 지혜문학의 저자를 솔로몬으로 보고(잠언 1,1; 아가 1,1; 코헬 1,1 참조), 마찬가지로 오경을 모세가 썼다고 본다. 신명기 마지막 부분에 모세의 죽음이 언급됨에도 말이다. 이런 식으로 구약성경 각 권을 단일 저자와 연결 짓는 방식은 대부분 인위적인 저자 추정이지만, 그렇게 함으로써 신학적 맥락화가 가능해진다. 제목이 엄격한 의미에서 저자를 밝히는 것이 아니라, 흔히 최종 편집과 연관된다는 것을 보여 주는 사례도 많다.

그러므로 유다 전통과 그리스도교 전통 모두에서 성경 각 권의 저자에 대한 언급은 다양한 의미를 지닌다. 솔로몬을 지혜문학 작품의 저자로 보는 경우와 같이 이름은 문학 장르를 표시하는 부호와 같은 것일 수 있다. 하지만 어떤 제목은 가상 인물(욥, 요나, 에스테르, 유딧)을 가리킨다. 이런 경우에는 저자를 드러낼 생각이 없고 그저 이야기의 주인공 이름만을 나타낸다. 이중 특히 눈에 띄는 예가 요나서이다. 요나는 가상의 예언자일 뿐만 아니라, 바빌론 시대물이라는 양식화된 문맥 속에서 예언자를 풍자하기 위해 설정한 인물로도 볼 수 있다. 하지만 대부분의 예언서는 실제 인물을 언급하는데, 그의 이름을 딴 책에서 그 가르침이나 글이 발견되는 경우가 많다. 비록 제자들이나 편집자가 후에 손을 댄 흔적이 있음에도 그러하다. 역사서 전부(여호수아기, 판관기, 사무엘기, 열왕기)를 포함해 구약성경의 상당 부분은 저자가 누구인지를 알기 때문이 아니라, 하느님 백성의 역사에 관한 오랜 전승이 담겨 있기 때문에 정경의 위치를 얻게 되었다.

'거룩한 글의 작가hagiographer'라는 표현은 사무엘기 상·하권에 대한 히에로니무스의 주석서에서 비롯되었다(PL 28, 552-554). 아마도 '환시'의 형태로 계시를 받은 예언자들과 그러한 시각적 체험 없이 지성의 깨우침을 얻은 '거룩한 글의 작가'를 구별했던 칠십인역의 영향도 있었을 것이다. 계시와 영감을 엄격히 구별한 신스콜라주의 교과서에서는 계시를 받았는지의 여부와 상관 없이 '거룩한 글의 작가'는 성경 본문을 쓴 인간 저자를 가리키는 전문 용어가 되었다(역자주: 〈하느님의 말씀〉 한글 번역본은 이 단어를 "성경 저자"라고 옮겼다). 상응하는 라틴어 표현 하기오그라푸스hagiographus(또는 아욱토르 사체르auctor sacer, 거룩한 저자)는 〈하느님의 말씀〉 원문에 나온다(11-12항). 여기에서 이 단어는 '성경의 영감'의 수신자, 성경 본문의 인간 저자를 뜻한다. 다수의 인간 저자가 있음을 인정하면서도 계시와 영감을 계속해서 엄격하게 구분한다면, '거룩한 글의 작가'라는 용어는 성경 형성 과정에서 전승을 전달하는 누구에게나 사용할 수 있을 것이다. 하지만 이런 식이라면 계시가 '행위가 함께하는 말씀', 곧 계시적 사건이 아니라 무엇보다 개념적 지식을 의미한다는 신스콜라주의적 계시 관념을 다시 들여올 위험이 있다. 그 결과 영감이라는 개념을 인위적으로 만들어진 지적 구성물로, 곧 신학적 체계를 위해 생긴 개념으로 성경 말씀을 진실되게 특징짓지 않는다고 여기게 만든다. 이렇게 되면 영감은 어렵지 않게 '신학적 개념theologoumenon'(역자주: 계시가 아닌 신학적 사유를 통해 얻은 진술이나 개념)이라 불리게 된다. 곧, 영감은 '계시된 진리'가 어떻게 인간의 개념과 명제적 진술을 통해 표현되었는지를 묘사하기 위해 만들어 낸 신학적 추상화의 단순 산물로 여겨질 것이다. 그리고 그것은 처음부터 끝까지 하느님 저자에 의한 발화로 간주된다. 그 결과 영감에 대한 견해는 그것이 말하는 바가 무엇인지 때문이 아니라 생명과 의미를 부여하는 계시의 구원론적 맥락을 생략하기 때문에 거짓이 될 것이다(Helmut Gabel, *art. cit.*, 70-79). 히에로니무스 이후로 '거룩한 글의 작가'라는 범주는 여러 차례 재정립되어 왔으나, 인간이 계시를 기록하는 데 기여하는 다양한 방식을 설명하기에는 대체로 부적합하게 되었다. 그러므로 오늘날 최상의 선택지는 '거룩한 글의 작가'라는 용어를 완전히 폐기하는 것일지도 모른다.

〈하느님의 말씀〉에 나오는 베루스 아욱토르라는 표현은 현대적 개념의 '저자', 곧 의식과 독립성을 가지고 자신의 글을 작성하며 의식적 의도를 지닌 작가를 가리킨다. 성경 각 권의 집필 저자는 익명이지만 하느님의 말씀을 문자로 된 저작으로 옮길 때 중요하고 거룩한 역할을 맡게 된다. 하지만 현대 성서학은 구약성경 대부분의 책들이 상당히 긴 '배양' 기간을 보냈다고 가정한다. 이 기간에 하느님 백성의 전통은 몇몇 선택된 이들의 개별 체험이나 집단 체험을 통해 형성된다. 받은 계시는 성경 각 권이 최종 형태를 갖출 때까지 구두 전승이나 예비 저작물의 형태로 전해진다. 영감이란 계시와 함께 지속적으로 이루어지는 하느님의 행위로서, 하느님이 인간을 선택하고 고무시키고 인도하여 하느님의 말씀을 다양한 방식(히브 1,1 참조)으로 전달하고, 선포하고, 보존하는 데 도움을 준다. 이는 하느님 말씀이 고정되고 통합된 문서 형태의 최종 본문으로 완성될 때까지 지속된다.

(3) 하느님 저자와 인간 저자의 연결

① 도구성의 일반적 개념

영감 신학에 대한 신스콜라주의의 체계화 이전에 하느님과 인간 저자 사이의 고리를 설명하기 위해 다양한 비유가 사용되었다. 이 비유들이 철학적 의도를 지닌 경우는 드물었다. 이 모델은 인간 저자를 하느님 말씀의 전달자로 이야기하는 성경 본문에도 나타난다. 예를 들면 여호 20,2; 예레 37,2; 호세 1,2; 12,10; 사도 1,16; 3,20-21이다. 신학적 전통에서는 2베드 1,21이 자주 인용된다.

> 예언은 결코 인간의 뜻에서 나온 것이 아니라, 사람들이 성령에 이끌려 하느님에게서 받아 전한 것입니다(2베드 1,21).

이러한 본문들에서 인간 '저자'(자주 화자라고 불린다)는 보통 구체적으로는 아니더라도 원칙적으로 특정한 한 인간을 의미한다. 하느님은 (대체로 '문자로 기록된') 어떤 인간의 말이 하느님이 '말씀하신' 언어로 여겨질 수 있도록 그를 사용하신다. '인간의 말을 통해 전달되는 하느님 말씀'이라는 '일반 개념'은 교부들이 성경 본문의 이중 기원을 선언할 때 이견이 없었던 가르침이다.

고대와 중세 전통은 하느님 저자와 인간 저자들 사이의 관계를 비유 형식(피리와 피리 부는 사람, 작가와 펜, 필경사와 구술 내용)으로 설명하는 데에 만족했다. 그러나 이러한 비유들은 어느 것도 '이중 저자성', 또는 철학에서 말하는 '도구적 인과성'이라는 개념과 동등하지 않다. 현대 학자들은 예언에 관한 중세 스콜라주의 용어를 '중대한 수정' 없이 영감에 적용할 수 없음을 인정한다. 여기에서 우리는 칼라너가 신토마스주의의 이중 저자 개념을 비판하면서 간결하게 제시했던 명제를 되풀이해야 한다. "동일한 사항에서 하나의 효과는 하나의 원인에서만 도출될 수 있다. … 두 가지 원인으로부터 동일한 저작 행위를 선험적 목적으로 삼는 것은 불가능하다."[20] 하지만 라너는 자신의 비판이 신학적 전통의 어떤 층위를 향하고 있는지 분명히 밝히지 않았다. 그러므로 그의 논평은 2베드 1,21을 인용하면서 도구적 역할을 맡아 성령의 영향 아래 '말하는' 인간 존재를 이야기하는 성 토마스의 본문들에 적용되지 않을지도 모른다. 하지만 신스콜라주의 영감 이론에서는 이 모델이 정상적 정신 능력과 자유의지를 유지한 채 하느님에게 고용된 도구로 기능하는 '저자들'에게 적용되었다.

신스콜라주의 교과서들은 성경의 영감이 헬레니즘의 '점술적' 영감 개념과 관련이 있다는 인상을 피하려고 애썼다. 점술적 영감은 영감을 받아 하는 말에 관한 이론으로 고대에 널리 받아들여졌다. 고대 이교 신전에서 사제와 여사제가 어떻게 신들의 말을 받아 순례자들이 던진 질문에 답을 했는지를 설명하기 위해 이 개념을 사용하였다. 이러한 헬레니즘 '예언' 개념에 따르면, 신의 대변자는 신비적 황홀경이나 도취 상태에서 신의 메시지를 전달하는 완전히 수동적인 존재로 이해되었다. 도구의 역할을 하는 영감을 받은 화자가 신의 메시지를 반드시 이해했던 것은 아니었다. 이와 같은 비판은 현대 종교사에서 되풀이되었는데, 현대 신학의 소위 '종교사학파religionsgeschichtliche Schule'가 초기 그리스도교 교의들(그리스도의 신성, 입교 성사, 성찬례, 계시의 정의인 '종교적 체험' 등)이 헬레니즘에 원천을 둔다고 주장했을 때였다. 성 토마스의 예언적 영감 이론을 고수한 것은 좋은 의도였고, 부정해야 할 것을 제대로 부정했다. 하지만 20세기 중반에 이르러 신스콜라주의의 영감 모델은 현대 인식론과 심리학에서 이질적인 것이 되었다. 그래서 영감의 대상에 해당하는 영감을 받은 본문에서 주의를 돌려 인간 저자들의 도구성에 집중하기 시작했다.

제2차 바티칸 공의회 무렵 교과서에 나오던 영감 신학은 주로 다음과 같은 다섯 가지 이유로 더 이상 사용할 수 없게 되었다. (1) 시대에 뒤떨어진 계시 개념에 근거했다. (2) 낡은 아리스토텔레스 심리학과 인식론에 온전히 뿌리를 두었다. (3) 영감을 받은 본문을 충분히 다루지 못했다. (4) 현대 성서 연구와 양립할 수 없는 단일 저자 모델의 주요 결과인 무오성에 편협하게 집착했다. (5) 시대착오적 영감 이해를 고수했다.

하지만 이러한 영감 신학이 설득력을 잃게 된 가장 중요한 이유는 두 명의 집필 저자를 주장하는 이중 저자 모델을 고집했기 때문이다. 그러한 틀에서는 두 원인이 서로 경쟁 관계에 있다는 가정을 피할 수 없었다. 종합적이고 모든 것을 포괄하는 '거룩한 역사'로 여겨지는 하느님의 계시를 하느님과 인간이 동시에 글로 표현한다면, 그 계시는 개별 인간 저자의 렌즈를 통해 제한되고 역사적으로 제한된 저자 의도 안에 갇힐 수밖에 없다. 무엇보다도 이 모델은 하느님의 초월적 활동 아래 구원 계획이 역사의 시작부터 보편적으로 전개되어 왔다는 새로운 계시 비전과 양립할 수 없다는 것이다. 동시에 역사비평 방법은 대부분의 성경 각 권이 여러 저자의 참여와 광범위한 구전 및 여러 차례의 편집을 통해 생겨났다는 결론에 이르렀다.

문학 장르가 저자의 의도를 드러내는 데 상당한 역할을 한다는 통찰에 더해 집필 저자로서의 하느님의 역할을 지나치게 강조하다 보니 풀기 어려운 신학적 난제가 생겨났다. 하느님의 '저자 의도', 곧 성경 본문의 초월적 의미가 사라지거나, 단일 인간 존재의 의식 범위에 국한된 인간 저자의 '의도'에 갇혀 버렸다. 비오 12세의 회칙 〈성령의 영감〉이 열광적으로 받아들여지고 해방적 효과를 가져왔기 때문에 당시에는 이 문제가 금세 불거지지는 않았다. 하지만 장기적으로 볼 때, 이 회칙은 문제를 악화시켰다. 본문의 문자적 의미가 우선한다고 강조하는 동시에 이 의미를 원래 본문의 인간 저자가 선택한 것으로 추정되는 문학 장르와 연결 지었기 때문이다. 이런 맥락에서 본문의 진정한 의미가 인간의 한계를 초월하여 성령에게서 왔다고 이야기하는 것은 별 가치가 없어 보였다. 인간 저자의 의도를 찾고 동시에 인간 한계를 초월하여 하느님이 의도하신 의미를 찾으려는 시도는 서로 상충하는 목표를 추구하는 것으로 보였다.

전통적 신스콜라주의 교의에는 공동 저작collective authorship을 이해하기 위한 조망 능력이 부족했다. 그래서 여러 설교자, 기록자, 편집자들의 작업이 얽힌 구전 전승의 흐름 속에 '영감받은 저자들'의 활동을 통합하여 설명하지 못했다. 성경 본문이 이러한 방식으로 형성되었다고 보는 이들에게 신스콜라주의적 영감 이론은 가능성 없는 주장으로 보였다. 성서학자들은 자신들이 연구하는 성경 본문의 현실에 그 이론을 적용할 수 없었다. 20세기 후반에 들어서면서, 신토마스주의적 영감 이론은 그릇된 전제에 기초한 순진한 신학적 사변으로 보였고, 더 이상 설득력을 갖지 못한다는 평가를 받았다. 이론의 추상적 특징 때문에 성경을 '살아 있고 힘이 있는 하느님 말씀'(히브 4,12)으로 여기는 데 도움이 되는 통찰을 제공하지 못하는 듯했다. 이러한 좌절은 종종 영감이라는 주제를 완전히 무의미하다고 치부하는 거친 비판으로 이어지곤 했다.

성경은 그 기원을 하느님과 인간 모두에게 둔다는 가르침은 육화 신비와 비슷한 방식으로 여겨져야 한다. 성경의 저자를 하느님이라고 하는 것은 단순히 '하느님의 본성'이라는 측면이 아니라 성령의 '위격'이라는 측면에서 말하는 것이다. 결과적으로 우리가 '성경의 영감'이라 부르는 하느님 행위의 위격적 주체는 말씀이 동정녀 마리아에게서 육신을 취하게 하신 분, 〈니케아-콘스탄티노폴리스 신경〉에 따르면 "예언자들을 통하여 말씀"하신 분이다. 성령이 예수에게 내려와 메시아(기름부음받은이)로 세우고 공생활을 시작하게 하였다(마태 4,1; 마르 1,12). 예수는 바로 이 성령을 성부로부터 보내 사도들이 전 세계에서 사명을 수행하게 하였다. 그리고 성령이 교회 안에 머물며 생명과 성화의 신성한 능력을 발휘하게 하였다. 성경의 거룩한 저자가 **데우스 아욱토르**가 아니라 **데우스 아욱토르 엣 인스피라토르**Deus Auctor et Inspirator(〈하느님의 말씀〉 16항)인 것은 바로 이런 의미에서이다. 그리고 성경의 영감은 특별히 이 성령에게 귀속된다. 만족스러운 성경 영감 이론은 하느님과 영감을 받은 본문을 잇는 다리 역할을 한다. 그리고 오직 영감을 받은 인간 저자만이 아니라 영감의 최종 결과물, 곧 영감을 받은 본문 역시 포함한다. 성경은 단순히 어떤 전통의 "고전"이라는 문학적 기념물이 아니라 실질적 권위와 간절함을 지닌 채 교회 안에서 울려 퍼지는 살아 있는 하느님의 말씀이다.

(4) 영감을 받은 저자와 책들

영감에 관한 현대의 논의는 여전히 '이중 저자' 모델에 집중되어 있다. 이 모델은 영감을 글로 쓰인 언어적 표현(연설, 본문, 책)을 야기하는 특정한 종류의 하느님 행위로 재정립하려 한다. 이로써 결과물인 본문을 두고 하느님과 특정 인간 존재를 똑같이 저자로 인정하게 된다. 이러한 관점은 약화되었지만 완전히 포기되지는 않았다.[21]

육화한 성자를 통해 성부에게서 받은 성령으로부터 영감을 받아 성경이 쓰였다고 이야기한다면, 영감을 받은 인간 저자도 삼위일체의 신비에 참여했다고 말할 수 있다. 이 신비에서 하느님과 그분의 구원 행위들에 관한 모든 정통적 말씀이 생겨나기 때문이다.[22] '성령 안에서' 이루어진 이런 종류의 '말씀'(그리고 결과적으로 저술)은 유비적 의미에서 '하느님의 말씀'으로 이해할 수 있으나 신토마스주의 논고들의 설명 방식과 상당히 다르다. 올바르고 완전하게 하느님의 말씀은 그리스도이시며, 오직 그분만이 계시 말씀과 구원 행위의 근원으로서 '성령의 충만함'을 주장할 수 있다. 그러므로 육화 때 성부가 성령의 충만함으로 기름을 부어 파견하신 그리스도만이 모든 영감을 받은 메신저들의 본보기이자 원형이다. 하지만 잉태된 순간부터 온전히 하느님인 그리스도조차 서서히 자라며 "지혜와 키가 자랐고 하느님과 사람들의 총애도 더하여"(루카 2,52) 갔다. 마찬가지로 영감을 받은 하느님의 모든 언어적 표현은 서로 연결된 역사 안에 존재하며, 참하느님이자 참사람인 그리스도를 통해 하느님 로고스의 역사적 계시에 참여한다. 로고스의 이러한 드러남은 계시의 여러 역사적 단계를 거쳐 다양한 방식으로, 그리고 다른 정도로 서로 연결된다. 그러므로 이를 기록한 글들은 성령 안에서 성자를 통해 일어난 하느님의 유일한 육화 사건을 기록한 역사적으로 연결된 일련의 문헌으로 나타난다.

전통 교과서들은 성경의 영감을 성경 문헌의 저자로 선택된 개인들에게 주어진 '은사', 곧 특별한 은총(무상은총無償恩寵, gratia gratis data)으로 보았다. 이 은총 덕분에 그들은 자유로운 행위자(〈하느님의 말씀〉 11항에 나오는 **베리 아욱토레스**)로서 자신이 받은 바를 전달하는 글을 쓸 수 있게 된다. 19세기 후반과 20세기의 신스콜라주의 교과서들은 영감이 다른 사람들을 유익하게 하도록 개별 인간에게 주어진 개인적 은총이라고 보고 영감을 받는 주체에 집중했다. 그 결과 영감의 대상이라는 측면들을 선별적으로 다루고, 무오성이 영감의 주된 효과라는 데 몰두하게 했다. 이러한 관점은 성경의 영감이 계시의 내용을 오류 없이 기록하는 "진리 전달 기제"로 축소되는 것을 막기 어려웠다. 안타깝게도 〈하느님의 말씀〉은 이러한 관점을 버리는 데 완전히 성공하지 못했다. 그저 성경 본문이 본질적으로 하느님 경륜이라는 틀 안에서 "구원을 위해" 글로 옮겨진 계시라고 이야기함으로써 구원론적 측면을 덧붙여 강조했을 뿐이다. 그럼에도 이 공의회 문헌은 영감을 받은 본문의 풍부함에 관한 교회의 신학 전통을 온전히 분석해 내지는 못했다.

이 문제를 더 깊이 다루기 위해서는 '주체 중심적' 영감과 '대상 중심적' 영감, 다시 말해 저자에게 주어지는 영감과 본문에 주어진 영감을 분명하게 구별할 필요가 있다. 이러한 구별을 제안하는 중요한 이유는 교부들이 '영감을 받은 저자'보다 '영감을 받은 성경'에 관해 훨씬 더 자주 이야기했다는 사실에 기인한다. 이러한 구별이 하느님의 영감이 인간 저자를 통해 본문에 이른다는 사실을 부인하지는 않는다. 하지만 '대상 중심적 영감', 곧 본문의 거룩한 특성에 집중하면 영감이라는 은사의 결과가 성취하는 바를 상기하는 데 도움이 된다. 다시 말해 영감을 받은 본문을 통해 교회는 하느님의 말씀을 영구적이고 직접적으로 접할 수 있게 된다.

주목해야 할 점은, 영어 번역에서 '영감을 주다inspire'라는 동사를 사용하지 않을 수 없는 신약성경의 유일한 구절이 2티모 3,16이라는 것이다. 하지만 이 구절은 영감을 받은 본문에 관한 내용이지 영감을 받은 저자들에 관해 이야기하는 것이 아니다.

> 성경은 전부 **하느님에게 영감을 받아**(역자주: 《성경》은 "하느님의 영감으로"라고 옮겼다) 쓰인 것으로, 가르치고 꾸짖고 바로잡고 의롭게 살도록 교육하는 데에 유익합니다. 그리하여 하느님의 사람이 온갖 선행을 할 능력을 갖춘 유능한 사람이 되게 해 줍니다(2티모 3,16-17).

그리스어 동사 **테오프네우스토스*theopneustos***(하느님에게 영감을 받아)라는 단어의 의미를 해석하는 데 많은 논쟁이 있었다. 오늘날 거의 모든 이가 이 단어를 수동태 분사로 번역하여 하느님(하느님의 영)을 행위의 주체로 이해하고 직접 목적어로 보지 않는다. 이 구절은 모든 성경(즉, 구약성경 전부)을 ("하느님의 숨을 불어넣는다"고 말하기 보다는) "하느님에게 영감을 받았다거나", "하느님[영]의 숨결로 기록된" 것으로 이야기한다. 그러나 오리게네스를 비롯한 여러 학자들은 성경이 "하느님의 숨divine breath"을 전달하거나, 능동태 동사를 사용하여 "하느님의 숨을 불어넣는다breathe God"라고 말하는 것이 옳다고 주장하였다. 사실 테오프네우스토스가 어떻게 이해되든 간에, 이 구절은 성경의 저자가 아니라 모든 성경 본문 자체를 가리키고 있기 때문이다. 그러므로 이 성경 구절의 맥락을 더 넓게 이해하자면 다음과 같다. (구약성경의) 모든 본문은 생명을 주시는 하느님의 숨에서 기원한다. 이러한 숨을 불어넣는 행위는 하느님이 세상을 창조하고(창세 1,2), 첫 인간을 창조하고(창세 2,7), 예수를 죽은 이들 가운데에서 일으켜 세울 때(로마 1,4; 8,11)와 같은 하느님 행위이다. 하느님은 이러한 행위로 모든 믿는 이에게 구원의 선물을 나누어 주시고, 용서와 성화를 부어 주신다. 그리고 마지막 날에 모든 인간을 육신의 부활로 이끄실 것이다.

(5) 계시와 정경의 연결

성령의 영감을 받은 본문을 언급하는 2티모 3,16은 성경의 영감이 인간 저자에게서 끝나는 과정이 아님을 분명히 한다. 하느님은 당신 말씀이 기록된 글, 곧 그라파이*graphai*를 사람들이 읽을 수 있기를 원하신다. 사실 하느님은 그들을 위해 계시 과정을 시작하셨다. 그러므로 영감이 계시의 맥락에 속하는 것처럼, 성경 본문이 '하느님의 영감을 받아 쓰였다'고 교회의 인정을 받음으로써 정경화 과정 또한 시작한다. 그리고 영감의 과정은 반드시 정경의 형성을 통해 계속된다. 영감을 받은 책들은 하나님 말씀이 경전으로 존재하고 작용할 수 있는 교회에 영구히 자리 잡게 된다. 하느님 백성을 일으켜 세우고 양육하기 위해 의식적이고 안전한 방식으로 전달될 때, 성경은 제 역할을 수행할 수 있다. 계시와 영감은 구원사적 연속체의 일부이고, 여기에서 영감과 정경화는 분리할 수 없을 만큼 결합되어 있다. 사실 역사적으로 이 둘을 완전히 구별하는 일은 불가능할지도 모른다. 우리는 이 과정을 서로 다른 발전 속에서 이루어진 두 단계로 구분하여 말할 수는 있지만, 그것은 단지 우리가 사후적으로 이 단계들을 연속적이면서도 상호 연결된 과정으로 보기 때문이다. 이러한 과정을 통해 하느님의 선물은 그분 백성을 위해 베풀어지고 전해진다.

앞에서 언급한 내용이 얼마나 중요한지는 구체적 성경 본문을 다루기 시작할 때 드러날 것이다. 하느님의 말씀을 전하는 많은 구절에서 "그러므로 주님께서 이렇게 말씀하셨다…" 또는 "그러자 예수께서 대답하여 말씀하셨다"와 같은 도입 문구가 되풀이된다. 이는 '계시적 서문'이며, 이후에 이어지는 부분은 '영감적 후속'이다. 이런 성경 본문들에서는 제3의 과정 역시 예견된다. 어떤 말씀과 행위가 하느님에게서 기원했다고 인정된다면 그 말씀과 행위는 하느님의 아욱토리타스auctoritas('권위'와 '저술'을 모두 의미함)를 부여받았다고 여겨진다. 이미 강조했듯이 하느님은 당신 자신을 계시하실 때 행동하시고 말씀하신다. 그러므로 예수나 예언자들, 사도들의 말씀 속에서 나타나는 하느님의 자기 표현은 거룩한 역사에 대한 지속적 언어 주석에 해당한다. 여기에서 골자는 계시와 영감, 그리고 유한하지만 끊기지 않고 지속되는 정경 형성에 관한 〈하느님의 말씀〉의 관점을 바꾸려는 것이 아니라, 그것을 확장하고 일관되게 적용하려는 것이다. '계시, 영감, 정경'이라는 세 단계를 제시함으로써, 우리는 〈하느님의 말씀〉이 침묵하며 지나친 신토마스주의 체계를 넘어서는 통합적 이해를 완성하게 된다. 이러한 개요를 따라감으로써, 우리는 정경 신학을 계시 신학과 성경 영감 신학의 통합된 체계 안으로 포함시키는 방향으로 몇 걸음 더 나아갈 수 있다.

이런 관점에서 하느님은 '저자'로 여겨지지만, 성경 본문을 쓰고 편집한 인간 저자와는 다르다. 성경의 모든 인간 저자가 세상에 있을 때 존경받고 널리 이름을 알렸더라도, 그들은 이미 세상을 떠났다. 오늘날 그들의 글을 읽는 신자들은 그 저자에게 초점을 두지 않는다. 아무리 예레미야와 이사야, 모세가 무슨 생각을 했는지에 관심이 있더라도, 죽지도 침묵하지도 않는 성경의 저자인 하느님에게 비교할 수 없을 만큼 더 많이 귀를 기울인다. 성경을 읽을 때, 우리는 솔로몬보다 더 큰 분의 말씀을 듣고 성전보다 더 크고(마태 12,6) 요나보다 더 큰 분에 관해 읽는다(마태 12,41-42; 루카 11,31-32). 예수의 말씀을 들을 때 우리는 "모세가 율법에 기록하고 예언자들도 기록한 분"(요한 1,45)의 말씀을 듣는다. 모세 뒤에 파견이 약속된 분으로 모세와 같다고는 했지만(신명 18,18), 모세보다 무한히 더 위대하여 새로운 방식으로 말을 건네시는 분의 말씀을 듣는다. "그러므로 주님께서 말씀하시니"라는 문구를 더할 만큼 정통성이 보증된 말씀을 듣는다. 이런 식으로 영감을 받은 본문에 관해 성찰할 때, 영감 신학은 '성경의 (집필) 저자인 하느님'이라는 개념으로는 이해하기 어려운 차원을 드러낸다. 아래 구절은 바로 그런 사정을 설명한다.

사실 하느님의 말씀은 살아 있고 힘이 있으며 어떤 쌍날칼보다도 날카롭습니다. 그래서 사람 속을 꿰찔러 혼과 영을 가르고 관절과 골수를 갈라, 마음의 생각과 속셈을 가려냅니다(히브 4,12).

영감을 받은 말씀이 교회 안에서 정경으로 봉독되고, 그것이 신앙을 지닌 이들 또는 신앙을 찾는 이들에게 받아들여지며, 그리고 인간 저자들에게 기록하도록 영감을 주셨던 그 성령 안에서 해석될 때, 인간에게 말씀하시는 분은 바로 살아 계신 하느님이시다. 하느님은 글을 쓰지 않고 말씀하신다. 이러한 성경 읽기는 시간을 초월하여 말씀하시고 당신을 계시하시는 하느님과의 만남을 수반하며, 그분은 기록된 본문에 생명력을 불어넣으신다. 여기에서 우리는 대중 라틴말 성경 시편 6,12의 옛 해석에 담긴 심오한 지혜를 이해하게 된다. 클레르보의 베르나르두스 성인의 설교에서 그 해석이 간결하게 되풀이 된다. "하느님께서는 단 한 번 말씀하셨습니다. 한 번이지만 그 말씀은 언제나 계속되며, 단 하나의 멈추지 않는 영원한 말씀이십니다."[23]

2.6. 영감과 육화: 성경 속 진리

2.6.1. 승인된 유비

〈하느님의 말씀〉 13항은 성 요한 크리소스토무스[24]를 인용하면서 영감과 육화를 분명하게 연관 짓는다. 인용된 본문은 이미 비오 12세의 회칙 〈성령의 영감〉(37항, 각주 32)에 언급된 바 있으며, 그 밖에도 크리소스토무스의 몇몇 다른 구절도 인용한다. 육화 때 하느님은 인성을 취하시어 사람들이 당신을 보고 듣고 만질 수 있도록 하셨다(1요한 1,1). 마찬가지로 성경의 영감에서 하느님은 인간의 언어를 통해 인간에 맞게 당신을 낮추신다. 2009년 시노드 훈화에서 교황 베네딕토 16세는 이 유비를 더욱 확장하여 다음과 같이 말했다.

> 성자와 성령의 사명은 서로 분리될 수 없고 단일한 구원 경륜에 속합니다. 말씀이 동정녀 마리아의 태중에서 육화하셨을 때 활동하신 성령은 공생활 내내 예수님을 인도하신 성령, 예수님께서 제자들에게 약속하신 성령과 같은 분입니다. 예언자들을 통해 말씀하신 성령께서는 하느님 말씀을 선포하는 책무를 수행하고 사도들의 가르침을 전하는 교회를 지탱하고 그것에 영감을 불어넣으시는 바로 그분이십니다. 마지막으로 성경 저자들에게 영감을 불어넣으신 분도 바로 이 성령이십니다.

제2차 바티칸 공의회에 앞서 교부학 부흥이 여전히 활발했던 당시, 성경의 영감을 그리스도론적 관점에서 비교하는 글들이 넘쳐 났다. 아마도 멘쉬베르둥Menschwerdung('사람이 되심')이라는 독일어 표현을 모방하여 슈리프트베르둥Schriftwerdung('성경이 됨')이라는 독일어 용어를 처음 만든 이는 휴고 라너Hugo Rahner였을 것이다.[25] 이를 통해 그는 니케아-콘스탄티노폴리스 신경에서 "말씀이 사람이 되셨다"라고 선언한 것처럼 "하느님이 성경이 되셨다"라는 말도 가능하다고 주장했다.

앙리 드 뤼박Henri de Lubac은 이와 유사하지만 좀 더 어감을 살린 용어를 사용했다. 그는 오리게네스의 뒤를 이어 말씀의 다양한 '육화들 enfleshments'이라는 표현을 사용했다.[26] 이러한 '육화'의 가장 훌륭한 사례는 성경으로, 신적 요소와 인간적 요소(영과 문자)가 결합하여 성경의 그리스도론적 구조를 이룬다. 오리게네스가 성경에 적용한 육화 언어는 수 세기 동안 계속 사용되었다. 〈주님의 말씀*Verbum Domini*〉에서 교황 베네딕토 16세는 성 베르나르두스의 글[27]을 인용하여 성경과 육화한 하느님 말씀 사이의 유사성을 설명한다. 그리스도교는 '경전의 종교'가 아니라, 늘 새롭게 울려 퍼지고 살아 계시며 인격적이신 하느님의 살아 있는 말씀의 종교이기 때문이다. 이러한 표현 방식은 위대한 스콜라 학파 학자들에 의해 견지되었지만 그 뒤로 가톨릭 신학에서 서서히 사라졌다. 더욱이 교부학 부흥은 지속적인 열매를 맺지 못했다. 현대 성경 주석가들의 지속적인 동의를 얻지 못했고 현대의 역사비평적 기준과 교부 및 중세 저자들이 주창한 '영적 주석' 사이의 인식론적 차이를 좁힐 수 없었기 때문이다.

2.6.2. 그리스도론적 맥락

제2차 바티칸 공의회 이후 가톨릭 신학은 영감 신학에 대한 관심을 점차 잃었지만, 성경과 육화한 말씀 사이의 유사성은 하나의 연구 도구로 계속 사용되었다. 하지만 '육화'에 대한 온전한 이해는 아직 이루어지지 않았다. 한편으로 육화는 정해진 역사적 사건, 곧 예수가 동정녀 마리아에게 잉태되어 그의 개인적 인간 생애가 시작된 순간을 가리킨다. 이것은 성령의 창조 능력을 통해 하느님 홀로 일으키신 사건이다. 그리스도교 신학은 이 사건과 이전에 흘러간 인간 전체의 역사 사이에 연속성과 불연속성이 모두 존재한다고 여긴다. 인류의 일원이자 육체적으로 두 부모에게서 태어난 동정 성모를 통해 인류 역사와의 연속성이 보장된다. 하지만 그녀가 죄 없이 잉태되었으며 동정녀로서 어머니가 되었다는 사실은 인류 역사와의 불연속성을 나타낸다. 마리아의 동정 잉태는 인간 역사에 하느님이 개입하신 지점을 정확히 가리킨다. 인성을 취한 예수의 지상 삶은 정확한 시간과 특정 공간에서 시작되지만, 역사 속에 너무나 자연스럽게 연결되었기에 처음에는 아무도, 심지어 요셉도 눈치채지 못했다. 그럼에도 이것은 하느님이 인격적 현존으로 역사 속에 근본적으로 개입하신 가장 급진적 사건이었다.

'시작'이란 존재의 분명한 첫 순간을 의미하며, 인간은 그 후에 성장과 발전을 계속 이어가게 된다. 예수의 개별 인성은 완전히 발달된 형태로 갑작스럽게 세상에 등장한 것이 아니었다. 물론 그분은 존재론적으로 '처음'이며 갑작스러운 '새 피조물'이기는 하다. 예수의 인간 본성은 인간의 성장 과정 속에서 점진적으로 성장하고 발달했다(becoming). '성장하고 발달한다'는 의미에서 말씀의 육화는 태아기에서 출생과 유년기, 그리고 청소년기를 거쳐 완전한 성숙에 이르는 시간적 차원의 과정이다. 예수 자신에게도, 잉태되어 세상에 나온 일은 유한성이라는 조건을 지닌 타락한 세상과 상호 작용하는 일련의 인간적 경험의 시작이었다. 이런 의미에서 육화는 그 말에 담긴 진짜 의미 그대로 '인간이 되어 가는 것'이다. 바오로가 필리 2,7-11에 묘사한 대로 탄생에서 십자가 죽음에 이르는 여정이고, 죽음을 넘어 새 생명으로 나아가는 여정이다.

육화의 궁극적 목표와 의미는 부활에서 완성된다. 부활은 그리스도의 인간 본성을 새로운 지위에 오르게 하는 즉각적인 변화이다. 이 지점에서 예수는 하느님의 아드님으로서, 자신의 인성 안에서 신적 위격과 성부와의 동일본질성consubstantiality을 충만하게 경험하는 초인적 단계로 들어간다. 하나의 여정으로 육화는 성자가 당신 나라에 '입성'하는 단계로 이어지고, 당신 나라에서 성자는 거룩한 영에 의해 마침내 하느님 영광이라는 당신 지위를 '차지하게 된다'. 이 마지막 단계는 일련의 사건 속에서 발생한 일이 아니라 즉각적인 '되어 감'이다. 부활은 전 생애에 걸친 예수의 (인간이) "되어감"이 영광스럽게 집약된 사건이기 때문이다.

그러므로 온전한 의미에서 '육화'는 육화하여 부활한 상태에 있는 그리스도를 뜻한다. 이러한 상태는 육신과 영혼을 지닌 그분의 인간 본성이 완성에 이르러, 이전에 그분을 가두었던 세속의 원인과 결과라는 그물망과 영원히 단절하는 상태로 들어 올려졌을 때 성취되었다. 동시에 부활한 그리스도는 당신이 구한 세상과 초월적 인과라는 새로운 관계 속에 자리하게 된다. 타락한 인간의 유한성에서 벗어난 예수는 성령을 통해 성부로부터 받은 모든 신적 은총을 전달하고 분배한다. 이로써 모든 시대의 모든 사람이 실제로 구원을 받고 성화에 이르게 된다. 육화하고 부활한 그리스도는 세상의 역사 속에서 언제 어디서나 믿음의 행위를 통해 하느님의 계시에 응답하는 모든 이에게 현존한다.

성경을 형성하는 데 기여했던 이들에게 은사로 주어진 영감은 육화하고 부활한 그리스도와 여러 가지 방식으로 연결된다. 먼저 그리스도는 하느님이 주신 선물인 이 은사를 효과적으로 전달한다. 더구나 구약성경에서는 이 은사가 "모세와 예언자들"(루카 16,29-31; 사도 28,23 참조)에게 주어져, 성령의 은총 안에서 육화 사건을 예견하게 했다. 그들은 주님의 다가올 강생에 관한 표징을 성경 안에 남긴다. 사실 하느님은 사건과 말씀을 통해 그분이 '오시는' 과정을 시작하셨는데, 그러한 사건과 말씀은 구원 역사의 사건들을 기억하고 설명하기 위해 성경 본문에 포함되어 있다. 비슷한 과정이 신약성경에서도 일어난다. 육화한 성자의 첫 제자들을 통해 구성된 공동체에서 계시와 영감은 강생의 기억을 교회 내 부활 이후 세대에게 전달한다. 그들의 말과 성사는 부활한 그리스도의 현존과 능력 안에서 비로소 온전한 의미와 효력을 지니게 된다. 그러므로 구약성경에서 영감은 신적 행위로서 육화를 준비하고 예견한다. 반면 신약성경에는 그리스도에게서 절정에 이르는 하느님의 구원 행위가 문자로 기록되고, 기억되어 거룩한 문서로 보존된다.

하느님의 영감으로 작성된 성경(영감을 받은 저자들이 쓴 영감을 받은 본문)은 교부들이 육화한 말씀의 신성과 인성의 결합을 반영하는 실재라고 여긴 구조를 가진다. 문학작품으로서 성경은 온전히 인간적이지만, 그것이 지닌 의미로 이야기하자면 하느님의 신비를 숨기기도 하고 드러내기도 한다. 육화한 그리스도와 성경 본문 사이의 유비를 이해하려면 네스토리우스주의와 단성론을 모두 거부하는 정통 그리스도론을 따라야 한다.[28] 이러한 이단적 그리스도론의 사조를 따르면 성경이 단층적 현실로 단순화할 위험이 있다. 즉 성경을 역사적으로 검증이 가능한 인간 저자들의 의도와 동일시되는 문자적 의미만으로 이해(네스토리우스의 접근)하거나, (육화한) 인간의 진정한 중재 없이 신의 의미를 전달하는 영적 의미만으로 이해(단성론적 접근)하는 것이다. 이러한 '네스토리우스'와 '단성론적' 해석은 인간적 요소와 신적 요소를 서로 경쟁 관계로 설정하여, 한쪽을 축소시키거나 제거하려는 단순화된 영감 이해를 낳는다. 네스토리우스식 해석은 하느님 말씀을 시대에 종속된 인간 메시지로 축소한다. 이러한 관점에서 바리사이를 향한 예수의 비판적 언사는 참으로 옳다. "너희는 성경에서 영원한 생명을 찾아 얻겠다는 생각으로 성경을 연구한다. 바로 그 성경이 나를 위하여 증언한다. 그런데도 너희는 나에게 와서 생명을 얻으려고 하지 않는다"(요한 5,39-40). 반면 단성론적 성경 이해는 비판적 방식을 건너뛰고 인간적 한계를 반영하는 하느님 말씀의 특징을 억지로 설명하면서 모든 초자연적 요소를 무비판적으로 수용하려 한다. 단성론적 주석은 사건과 본문 안에서의 인간적 불완전성을 제거함으로써 계시의 점진적 성장과 발전이라는 원리를 부인한다.

또한 육화 모델은 성경의 궁극적 의미가 구원의 역사에서 세상을 거하기 위해 들어오신 하느님의 단일한 말씀 행위Speech-Act로서의 그리스도, 즉 로고스의 신비임을 확인해 준다.[29] 통합적인 그리스도교의 영감 신학은 육화한 말씀인 예수가 "때가 차자 … 여인에게서 태어나"(갈라 4,4), 죽음이 더 이상 그분 위에 군림하지 못하고 그분이 하느님을 위해 영원히 살도록(로마 6,9-10 참조) 생명으로 일으켜진 분이라는 믿음을 전제한다. 또한 육화한 말씀은 믿는 이들에게 하느님의 자녀가 되는 권한을 주는데(요한 1,12 참조), 그렇게 함으로써 "그리스도 안에" 있는 모든 이는 생명을 받게 된다.

육화적 성경의 영감 모델Incarnational model of biblical inspiration은 다른 보완적(언어적, 역사적, 비평적) 해석 방식을 배제하지 않고, 오히려 다른 신학 분야와의 연결 고리를 더욱 강화한다.

첫째, 삼위일체 신학과의 연결 고리가 있다. 성자를 통한 하느님의 계시는 성령을 통해 글로 표현된다. 둘째, 전체 구원 경륜이 단일 과정에 속하므로 성경은 구약성경과 신약성경, 곧 '예언자들과 사도들'을 모두 포함한다. 같은 성령이 예언자들을 통해 말씀하셨고 오순절에 사도들에게 내려오셨다. 셋째, 이러한 영감 모델은 성경의 정경적 통일성을 전제한다. 더 나아가 구약성경과 신약성경의 일체성은 두 가지 면에서 성경에 영향을 끼친다. (1) 영감이 계시와 깊이 연결되어 있다는 사실은 성경을 정경의 틀 안에서 읽어야 함을 일깨워 준다. (2) 정경은 교회가 하느님의 마지막 종말론적 모임으로 완성되는 과정의 결과로서, 종말의 백성을 세우는 역할을 한다.

정경은 교회의 성사적 표현, 곧 영성체 때 그리스도의 지속적 현존을 통해 신자들에게 자양분을 주기 위한 보고 듣고 만질 수 있는 표징에서 빠질 수 없는 부분이다. 또한 전례는 구원 역사의 '말씀과 행위'를 전달하는 '말씀과 행위'로 구성된다. 성령이 교회의 성사 안에서 활동하시며 영광스럽게 들어 올려진 그리스도의 현존을 확장하듯이, 영감을 받은 본문은 믿는 독자에게 계시 내용을 전달한다. 독자들은 이를 통해 개인이든 공동체이든 성령 안에서 하느님 말씀을 접할 수 있게 된다. 교회법에 따르면 성경 봉독 없이는 성사나 성사적 예식을 거행할 수 없다. 그리고 일반적으로 교회의 기도 생활은 개인과 공동체가 성경 구절을 풍부하게 활용함으로써 더욱 고양된다.

2.6.3. 진리, 진실성, 그리고 무오성: 공의회 문헌 비평

(1) '무오성' 또는 '오류 없는 진리'?

'무오성(無誤性, inerrancy)'이라는 말을 '오류 없는 진리'로 대체한 것은 아마도 〈하느님의 말씀〉을 작성하는 과정에서 일어난 작은 진전이었을 것이다. 일부 신학자들이 '성경의 진리'에 관해 이야기하고 '무오성'이라는 표현을 보수주의자나 복음주의자의 용어로 폄하하자, 공의회는 의미론으로 도피하면서 단어가 지닌 일종의 '정치적 정당성'을 확보하려 했던 것으로 보인다. 결과적으로 〈하느님의 말씀〉을 작성한 위원회의 보고관은 최종 문헌에 '오류가 없는'이라는 단어를 집어넣는 데에 동의함으로써 항의하는 소수에게 약간의 양보를 했다. 하지만 '무오성'이라는 단어는 제2차 바티칸 공의회 이후 가톨릭 신학에서 잘 사용되지 않았다. 사실 '오류 없는 진리'라는 표현은 '무오성'이라는 말의 의미와 크게 다르지 않다. 무오성에 관한 신토마스주의 교과서들은, 교황 레오 13세가 회칙 〈최상 섭리의 하느님*Providentissimus Deus*〉에서 뉴먼 추기경의 제안을 거부했다는 점을 충분히 지적하였다. 즉 오비테르 딕타obiter dicta('일상적' 또는 '지나가면서 하는 말')에 오류가 있을 수 있음을 인정해 달라는 것이었다. 이후의 교황 문서들은 성경 전체와 그 모든 부분이 무오성으로 보호받는다는 것을 충실히 되풀이했다. 하지만 일부 성서학자들은 영감에 관한 몇몇 교황 문헌에서 받아쓰기dictation라는 용어가 등장하는 것에 대해 그것이 성경의 영감을 일종의 '기계적 받아쓰기'로 이해하게 할 수 있다고 우려했다(《최상 섭리의 하느님》, 20항 참조). 그러나 성서학자들은 라틴어 딕타레dictare('받아쓰다')가 기계적으로 '받아쓰다'라는 뜻이 아니라 '작성하다'라는 뜻을 지닌 독일어 디히텐dichten과 연관됨을 알고 있었다.[30]

또한 '무오성'은 교회의 초기부터 이어져 온 해결 불가능한 문제이며, 이로 인해 특정 본문(6일 동안의 세상 창조나 흙에서 아담을 창조하고 아담의 갈비뼈에서 하와를 창조한 일, 조상이 열매 하나를 먹는 바람에 죄에 빠져든 인류의 타락, 요나가 큰 물고기 배 속에서 3일 동안 살아 있었던 사건 등)에 대한 상징적·영적 해석에 매달리는 원인이 되었다는 견해도 거듭 제기되었다. 그러나 교부들이 성경에서 영적 의미를 탐구한 것을 부정적으로 보는 입장은 여러 차례 반박되었다.[31] 그럼에도 불구하고 제2차 바티칸 공의회 이전과 이후 모두, 교부들의 주석은 부정적 반응을 얻었다. 성경 내러티브의 문학 장르에 대한 새로운 관심이 그런 문제를 해결할 희망을 되살리기 시작했음에도 그러했다. 우리는 교황 비오 12세의 회칙 〈성령의 영감〉과 이 회칙 작성에 영향을 끼쳤던 글들이 〈하느님의 말씀〉 이전에 나온 교도권 문헌이라는 점을 기억해야 한다. 〈성령의 영감〉은 성경의 문자적 의미에 중점을 두었지만, 동시에 다양한 문학적 장르에 대한 연구도 장려하였다. 그러나 문학 장르를 새롭게 강조하다 보니 예상하지 못한 여러 문제가 생겨났다.

(2) 문학 장르에 따른 진리

〈하느님의 말씀〉이 나오기 전까지 교도권은 '완전한 무오성' 규정의 완화를 거의 허용하지 않았다. 하지만 〈성령의 영감〉이 반포되면서 바로 그런 일이 일어났다. 회칙은 성경 본문의 의미를 알려면 문학 장르를 마땅히 존중해야 한다고 진술했다. 회칙이 발표되었을 당시에는, 성경의 무오성에 관한 많은 문제가 마침내 해결되는 듯했다. 예를 들어 욥기는 허구적 이야기의 구조 안에서 전개되며, 요나서의 요나는 역사적 예언자가 아니며, 유딧기와 에스테르기, 토빗기, 그리고 다니엘서의 많은 부분이 '역사 소설' 장르에 속한다고 이해할 수 있었기 때문이다.

하지만 동시에 '문학 장르'를 매우 강조하는 문학비평이라는 새로운 방법론이 교회 밖에서 등장하여 그리스도교 주석의 근본을 위협했다. '양식비평Form Criticism'이라는 새로운 방법론은 제1차 세계 대전 이후 마르틴 디벨리우스Martin Dibelius와 칼 루트비히 슈미트Karl Ludwig Schmidt, 그리고 루돌프 불트만Rudolf Bultmann에 의해 시작되었는데, 이들은 가톨릭 신학과 비교적 동떨어져 있었다.[32] 이들은 본문의 문학 양식을 파악함으로써 종교적 서사물의 역사성을 가늠하는 새로운 도구를 개발했다고 주장했다. 많은 이에게 매력적으로 보였지만, 동시에 어떤 이들에게는 의심을 불러일으켰다. 특히 〈성령의 영감〉이 역사성에 대해 완화된 태도를 보였다고 우려한 학자들에게 그러했다.[33] 주로 불트만의 영향 아래, 이 새로운 방법론은 고대 종교 문헌을 '제의 신화cultic myth'로 간주해야 하며, 그 안의 역사적 요소는 제거하고 제의적·전례적 의미만 남겨야 한다는 이론과 빠르게 결합되었다. 불트만의 '탈신화화demythologization' 방법론은 유럽 대륙을 휩쓸었고, 성경 본문 속 신화적 요소들을 공격적으로 제거하고 불신하면서 사실상 그 역사적 신빙성을 전면 부정했다. 불트만의 영향력이 커지는 것을 보았던 교황청은 이전 시대에 있었던 반근대주의 논쟁이 재현되는 듯한 느낌을 받았다. 실제로 이런 긴장은 제2차 바티칸 공의회의 회기 동안에도 계속되었다. 더구나 교황 비오 12세의 마지막 회칙 〈인류*Humani Generis*〉는 〈성령의 영감〉이 허용한 자유를 제한하려고 했다. 그 결과 가톨릭 성서학의 자유로운 연구 분위기에 찬물을 끼얹으며, 방어적이고 의심 많은 이전의 태도로 되돌아가게 만들었다.

〈성령의 영감〉은 성경 본문의 문학 장르를 고려함으로써 명백한 역사적 오류를 설명하고자 했다. 이 회칙은 성경의 문자적 의미를 본문 뒤에 숨은 저자의 원래 '의도' 안에서 발견해야 한다는 견해를 지지했다. 하지만 이 방법론은 금세 인간 저자의 심리나 사고방식을 탐구하는 방향으로 변질되었다. 온갖 현실적 이유로 성경 본문의 무오류적 진리는 인간 저자가 성경을 쓸 때 품었던 생각과 동일시되기에 이르렀다. 이로 인해 〈성령의 영감〉이 장려한 문학비평과 불트만의 '양식비평' 사이의 유사성들은 의심과 혼돈의 원천이 되어 버렸다. '탈신화화' 방법론이 계시의 역사적 본질을 의문시하는 잘못된 전제들에 바탕을 두며, 복음서의 많은 이야기의 역사성과 같은 중요한 문제들에 의문을 품었던 것이다. 결국 비오 교황은 매우 보수적인 입장을 견지하며 새 회칙 〈인류〉를 반포했고, 이 회칙으로 구약성경과 신약성경 모두에게 적용되는 성경의 무오성 문제가 다시 불거졌다. 이에 어떤 이들은 비오 교황의 이 회칙이 시계를 수십 년 전으로 되돌렸다고 비판했다. 바로 이 회칙에서 방어적 어조로 강조한 내용이 창세기 첫 장부터 성경의 모든 기적 이야기에 이르기까지, 성경의 이야기를 종교적 신화로 격하하지 않도록 조심하라는 경고였기 때문이다. 일부 신학자들은 문제의 핵심이 계시의 역사적 본질과 육화 진리에 관한 의심이라고 제대로 인지했다. 반면 다른 이들은 〈성령의 영감〉이 이룬 '진보'가 되돌려졌다고 불평했다.

지금은 과거 가톨릭 신자들이 흔히 받아들였던 전제, 곧 하느님이 성경 본문의 집필 저자라는 주장에 별로 관심을 기울이지 않는 듯하다. 하지만 이 전제는 문학비평을 사용해서 얻은 모든 결론이 어떻게 자동적으로 신학적 의미로 상승하게 되었는지를 설명하는 주된 이유이다. 하느님을 집필 저자로 본다면 성경 본문의 문학적 불완전성은 그저 하느님이 허락하신 것이 아니라 하느님이 '작성하신' 것으로 보아야 한다. 되돌아보면 불트만의 혁명적 운동(양식사와 탈신화화의 결합)과 그에 대한 가톨릭 보수주의자들의 반발 사이에는 괴이한 유사성이 있다. 양측 모두 문학 장르의 중요성을 강조했으며, 가톨릭 쪽에서는 하느님이 성경의 저자라는 명제를 고수하면서 본문을 저술할 때 인간 저자의 머리 속에 있었던 의미에 무오성이 부여되었다고 주장했다.

역설적으로 〈성령의 영감〉처럼 〈인류〉도 '저술 의도'(인간 저자가 본문의 문자적 의미 안에서 표현한 바)의 우위를 옹호했다. 동시에 본문에 숨어 있는 '영적 의미'에 관한 교부들의 견해를 가톨릭 주석에 통합하려는 새로운 경향에 유의하라고 경고하였다. 당시 본문의 진정한 의미는 비평적 주석가들이 전문성을 발휘하여 '학문적 주석'으로 발견해야 할 영역이라는 주장이 있었는데, 〈인류〉는 이러한 주장을 사실상 옹호한 셈이었다. 1950년대에 이렇게 새로운 맥락이 조성되자, 논의는 인간 저자와 하느님 저자가 같은 의미에서 아욱토레스라는 암묵적 전제(1943년 아우구스티누스 베아가 발표한 논문의 핵심 논지)로 옮겨 갔다. 결과적으로 인간과 하느님의 '저술 의도'는 본문에 공존하는 것으로 간주되었고 주석가는 풀 수 없는 문제에 갇혔다. 본문에 표현되어 증명 가능한 '저술 의도' 안에서 분문의 의미를 발견해야 한다는 입장을 견지하면서도, 동시에 인간이 생각해 낸 '이러한' 내용이 본문의 무오류적 의미와도 일치한다는 것을 전제해야 했기 때문이다. 그러므로 '이중 저자'라는 틀은 개념적 구속이 되었다. 하느님 저자의 의사소통을 인간 저자의 실제 의도로 제한한 것이다. 가톨릭 성서학계의 이러한 인식이 바로 제2차 바티칸 공의회에서 일어난 당혹스러운 장면의 배경이었다. 즉, 쾨니히König 추기경은 공의회가 공개적으로 성경에 오류가 있음을 인정할 것을 요청했다. 무오성 개념이 〈하느님의 말씀〉에 다시 등장했을 때, 어떤 이들은 교회가 과거의 잘못들을 대면하지 못한 채 전통적 가르침에 매여 있다고 결론 내렸다. 되돌아보면 '무오성'은 공의회 공식 의제에 명시적으로 남았지만, 의미상의 논쟁 탓에 무오성에 담긴 함의가 무엇인지를 두고는 합의에 이르지 못했다.

더 나아가, 우리는 계시 헌장 초안인 〈계시의 원천*De fontibus revelationis*〉에서 공의회가 무오성 문제를 두고 시도했던 내용을 다시 살펴보아야 한다. 공의회가 계시와 영감이라는 주제를 두고 팽팽하게 의견이 나뉜 동안, 교도권을 지닌 교황청(특히 오타비아니Ottaviani 추기경이 이끌고 있던 검사성성의 조직들)은 불트만식 주석 흐름에 반대하는 싸움에 계속 참여했다. 1964년 제2차 바티칸 공의회의 처음 두 회기 사이에 '성서 연구 촉진을 위한 교황청 평의회'라는 이름의 임시 평의회가 복음서의 역사성을 옹호하는 문헌[34]을 출간했다. 이 문헌은 후에 〈자모신 교회*Sancta Mater Ecclesia*〉라는 제목으로 자주 인용되었다.

〈하느님의 말씀〉은 〈성령의 영감〉만이 아니라 훨씬 뒤에 나온 문헌인 〈복음서의 역사적 진실에 관해〉로부터도 큰 영향을 받았다. 그 영향은 특히 제2장(12항)에서 확인되는데, 공의회 문헌은 회칙의 긍정적 어조를 유지하며, 문학 장르에 특별한 관심을 기울이면서 모든 형태의 성서 연구에 힘쓰라고 가톨릭 학자들을 격려했다. 하지만 정경 복음서의 사도적 기원을 길게 다루는 내용이 포함된 제5장(18-19항)은 1964년 문헌(〈복음서의 역사적 진실에 관해〉)의 주장을 되풀이한다. 그리고 더 강력한 어조로 정경 복음서의 역사적 신뢰성에 관해 조금도 양보할 수 없다는 입장을 표명한다.

> 교회는 네 복음서가 사도들에게서 비롯되었음을 언제나 어디서나 주장하였으며 또 주장하고 있다. 사도들이 그리스도의 명령으로 선포하였고, 나중에 성령의 영감을 통하여 사도들과 그 제자들이 우리에게 전해 준 신앙의 바탕을 글로 쓴 것이 마태오, 마르코, 루카, 요한, 네 가지 형태의 복음이다. 거룩한 어머니인 교회는 위에 언급한 네 복음서가 역사성을 지니고 있음을 서슴지 않고 단언하며, 성자 예수님께서 사람들 가운데서 함께 사시며 인간의 구원을 위하여 하늘에 올림을 받으신 그날까지(사도 1,1-2 참조) 활동하시고 가르치신 바를 충

실하게 전하고 있음을 확고하고 항구하게 주장해 왔고 또 주장하고 있다(〈하느님의 말씀〉 18-19항).

〈하느님의 말씀〉 18-19항에 비견될 만한 엄격함은 다른 어떤 부분에서도 찾아볼 수 없다. 특히 제4장(14-16항)의 구약성경 관련 진술들은 훨씬 더 온건하고 개방적인 어조를 띠고 있다. 여기에서 우리는 〈하느님의 말씀〉이 공의회 교부들조차 온전히 이해하지 못했던 이례적 긴장 속에서 탄생했다는 가장 확실한 증거를 보게 된다. 문제의 핵심은 여전히 불분명했던 이중 저자 모델이었다. 이미 1958년 칼 라너가 제기한 난제, 곧 하느님이 성경의 '집필 저자'인 동시에 '초월적 원인'일 수 없다는 문제는 해결되지 않았다.[35]

(3) 문학 장르에서 구원의 진리로

〈하느님의 말씀〉이 〈성령의 영감〉을 인용한 방식을 보면, 성경에서 '문학 장르'는 오직 인간 저술의 영역에 해당하는 것처럼 보인다. 〈성령의 영감〉은 하느님이 '집필 저자'라는 진술을 수용하지도 부정하지도 않았으며, 성경의 문학 장르가 하느님의 저술 행위에 속한다고 말하는 것 역시 피했다. 그럼에도 〈성령의 영감〉에서 〈하느님의 말씀〉으로 넘어오면서 변화가 감지된다. 〈하느님의 말씀〉에서는 하느님이 의도하신 진리가 어떤 의미에서 문학 양식을 통해 드러나는지가 명확하지 않다. 결국 독자는 문학 장르가 본문의 의미를 탐색하기 위해 해석자가 제거해야 하는 장애물인지, 아니면 하느님이 의도하신 내용을 문학이라는 옷을 입혀 전달하는 긍정적인 역할을 하는지 의문을 갖게 된다. 중세의 인볼루크룸involucrum이라는 개념은 하느님이 의도하신 내용이 '문학적 옷literary clothing' 속에 '감싸여 있다'는 뜻으로, 문학 양식의 긍정적 역할을 인정하고 영적 의미를 그것과 분리할 수 없다고 본다. '하느님의 교수법'이나 '자기 낮춤'과 같은 말을 통해 〈하느님의 말씀〉과 〈성령의 영감〉은 모두 성경 본문의 인간적 특성(그들의 불완전성을 포함하여)을 하느님 저자가 의도하신 것으로 언급한다. 그러나 이는 원인으로서가 아니라, 허용된 것이라는 의미에 더 가깝다.

(4) 하느님의 의도와 정경이라는 맥락

〈성령의 영감〉과 〈인류〉가 남긴 모호함을 해결하기 위해 〈하느님의 말씀〉 12항 마지막 문장은 이렇게 진술한다.

> 그러나 성령을 통해 쓰인 성경은 성령의 도우심으로 읽고 해석해야 하기 때문에, 성경 본문들의 뜻을 올바로 알아내기 위해서는 전체 교회의 살아 있는 전통과 신앙의 유비뿐만 아니라 그에 못지않게 성경 전체의 내용과 일체성을 세심하게 고려해야 한다.

여기서 〈하느님의 말씀〉은 〈성령의 영감〉이 제시한 성경 본문의 '문학적 해석'의 비중이 지나치게 커지는 것에 대한 일종의 견제를 발견할 수 있다. 분명 성경의 일체성, 그리고 성경 본문의 궁극적 의미는 더 넓은 정경적 맥락 안에서 파악되어야 한다. 하지만 그러한 맥락은 각 인간 저자에게 적어도 부분적으로는 숨겨져 있을 수밖에 없다. 하느님만이 구원 역사의 전체 맥락을 아시기 때문이다. 가장 높은 단계의 예언에서조차 인간 저자는 자신의 글이 삽입될 전체 정경의 맥락을 의식하지 못한다. 오로지 하느님의 생각 속에서만 구원 역사 안의 하느님 말씀과 행위의 의미가 하나의 통일된 구원 역사로 융합된다. 인간 정신은 성경의 전체 맥락 안에서만 "하느님이 … 성경에 기록되기를 원하신" 진리를 이해할 수 있다. 이는 하느님과 인류 사이의 유일한 중재자이신 예수 그리스도가 오시어 그 진리를 드러내기 전까지는 결코 완전히 알려질 수 없었기 때문이다(1티모 2,5 참조).

① '구원의 진리'와 저자의 의도

원래의 '저자 의도'에만 관심을 가진 채 〈성령의 영감〉을 받아들이면, 적어도 암묵적으로, 두 가지 원칙에 충실하게 될 것이다. 초기 그리스도교의 지혜에 뿌리 내리고 있기에 결코 타협할 수 없는 이 두 가지 원칙은 다음과 같다. (1) 본문은 문자적 의미를 가지며, 그 위에 다른 파생적 혹은 적용적 의미가 쌓였다. (2) 언어학과 문법이라는 언어의 도구들뿐 아니라 문학 분석이라는 접근법, 특히 문학 장르를 결정하는 문제와 함께 고려하지 않는다면 문자적 의미를 충분히 정확하게 알아낼 수 없다. 하지만 이 두 가지 원칙은 살아 계신 하느님이자 성령이신 '주요 아욱토르/기원자'의 의도라는 세 번째 원칙이 있어야 완전해진다. 비록 하느님이 문학적 의미의 저자임을 부정해야 하지만, 동시에 하느님의 위격적 저자성personal authorship은 인정해야 하며, 이는 인간 저자에 의해 제한될 수 없다.

② 〈하느님의 말씀〉 12항의 결정적 문장

이러한 고찰을 통해 성경의 진실성을 다룬 〈하느님의 말씀〉 11항에 담긴 지혜와 문제점 모두를 볼 수 있다. 이 진술은 수많은 해석을 불러 일으켰는데, 라틴어 원문은 다음과 같다.

> Scripturae libri veritatem quam Deus nostrae salutis causa Litteris Sacris consignari voluit, firmiter, fideliter et sine errore docere profitendi sunt.
>
> "성경은 하느님께서 우리의 구원을 위하여 성경에 기록되기를 원하신 진리를 확고하고 성실하게 그르침이 없이 가르친다고 고백해야 한다."

라틴어 원문의 최종본은 긴 논쟁 후에야 얻을 수 있었다. 최종본 바로 직전의 판본은 하느님이 성경에 담으려고 의도하신 "구원의 진리"에 관해서만 언급한다. 그래서 더 짧았다. 그러나 이 표현에 반대한 소수파의 의견이 끊임없이 제기되었고, 동시에 초안을 작성했던 위원회의 저항도 만만치 않았다. 공의회는 한동안 이 문구로 인해 최종본 확정을 보류했고, 결국 교황 바오로 6세의 중재로 이 문제는 신학위원회에 맡겨졌다. 그 후 신학위원회는 베리타템 살루타렘veritatem salutarem("구원의 진리")이라는 말을 베리타템 꾸암 데우스 노스트레 살루티스 카우사veritatem quam Deus nostrae salutis causa("하느님께서 우리의 구원을 위하여 성경에 기록되기를 원하신 진리")라는 말로 대체했다. 그 결과 수정된 문안은 만장일치와 다름없는 지지를 받게 되었다.

〈하느님의 말씀〉에 대한 공의회의 마지막 논의 이후에도 〈하느님의 말씀〉의 초안 작성자들이 베리타스 살루타리스veritas salutaris("구원의 진리")라는 표현을 제안하고 옹호했을 때 어떤 생각을 가지고 있었는지 확실하지 않다. 〈라틴 교부학*Patrologia Latina*〉(역자주: 교부들의 글을 담은 방대한 모음집으로 19세기 중엽 출간되었다)을 잠시만 살펴보더라도 이 용어가 교부 시대는 물론 중세에도 사용된 적이 없음을 쉽게 확인할 수 있다. 하지만 트리엔트 공의회 회의록에 예수가 복음을 선포하고 그런 뒤에 제자들이 이를 온 세상에 "모든 '구원의 진리'와 도덕적 규율의 원천으로" 설교했다는 말이 한 차례 나온다. 이 문맥은 복음의 순수성에 관해 언급하는 것으로 보이며 베리타스 살루타리스는 그리스도교 교의 전체를 의미했다. 하지만 공의회에 참가한 상당수의 소수 의견자들에게 이 표현은 불명확한 단어로 여겨졌으며, 마치 성경이 구원 문제에 관한 부분에서만 "오류 없는" 진리를 담고 있는 것처럼 들릴 수 있는 위험한 함정을 내포한 것으로 보였다.

성경에 나오는 명제들이 참인지 아닌지에 집착하는 한, 그래서 계속해서 (인간) 저자의 생각과 하느님의 말씀을 동일시하는 한 우리는 인간 저자의 관점에 갇히게 된다. 그래서 종종 겉보기에는 사소하고 문화적·역사적 조건에 놓인 진술들을 포함하는 성경 본문의 진리에 관해 아무런 단서도 얻지 못하게 된다.

제2차 바티칸 공의회에서조차 성경의 진리에 관한 논의는 인간 저자의 의도와 동일시된 문학적 의미literary meaning에 사로 잡혔다. 하지만 〈하느님의 말씀〉의 문구는 결국 모호한 결과를 낳았다. '구원적' 진술을 어떻게 식별할 수 있는가? 궁극적으로 하느님 말씀의 구원적 차원은 진실하게 표현된 개념적 내용(만)이 아니라, 신앙 안에서 성령을 통해 인류에게 허락된 그리스도와의 만남에서 생겨난다. 신자들이 믿음으로 성경의 메시지를 받아들일 때 영감을 받은 말씀은 그 만남을 시작하고 더 발전시킨다. 성경은 그리스도를 중심으로 하는 구원 역사를 구체적으로 가리키지 않고서는 구원의 진리를 담지할 수 없다. 만약 성경의 말씀들이 그리스도와의 구원사적 관계에서 단절된다면, 글로 적힌 말씀은 우리의 구원을 위해 하느님이 계시하신 진리를 담지하지도 전하지도 못한다.

영감의 목적은 구원 경륜의 목적과 일치한다. 하느님은 인간에게 진리를 가르치기 위해 그들에게 다가서신다. 그 진리는 그리스도이고, 이를 통해 사람들이 하느님을 알고 사랑할 뿐만 아니라 자기 자신과 타인을 알고 사랑하도록 이끄신다. 인간은 세상을 발견하고 자신의 능력을 발전시키고 자연의 (물리적·인간적) 법칙을 탐구한다. 그리고 세상을 다스리는 방법과 수단을 축적하고 기술의 잠재력을 온전히 활용하며 인간 이성의 비밀을 탐색한다. 그러나 계시의 목적은 이러한 여정에 반드시 필요한 역사의 지름길이나 대체품을 제공하는 데 그 목적이 있지 않다. 하느님이 성경의 집필 저자라고 생각하면서 성경을 탐구한다면, 성경의 가치를 다른 인간의 작품과 동일한 수준에서 비교하려는 잘못된 전제를 세우게 된다. 《오디세이》나 《바가바드 기타》와 같은 다양한 문화의 고전 작품을 다루듯이 성경을 다루고 싶을 수 있다. 이런 고전 작품들의 가치는 그들의 문화적 맥락에서 누리는 높은 평가에 기반한다. 하지만 성경의 궁극적 의미인 살아 계신 그리스도에게서 성경을 떼어 낸다면, 또는 하느님이 영감을 받은 말씀들을 통해 우리에게 인격적으로 말을 건네시는 성령의 힘에서 성경을 분리해 버린다면, 우리는 성경에서 진리를 발견할 수 없을 것이다. 성경 각 권의 인간 저자가 고대 또는 현대적 의미에서 역사기술historiography이라는 장르를 채택할 때조차, 그것을 하느님의 역사 기술로 여겨서는 안 된다. 또한 다른 장르를 활용한 성경도 성령의 '정신/마음 상태states of mind'의 표현이거나, 하느님 저자가 인간 저자에게 영감을 주는 과정에서 자신을 드러낸 자기표현self-expression으로 읽어서는 안 된다. 그렇게 이해할 경우, 성경은 시간과 공간 속에 갇힌 책으로 전락하게 된다. 성경은 인간이 하느님을 끊임없이 찾아가는 여정 속에서, 인류를 향한 하느님의 말씀을 기록한 문서이다. 하느님이 인류에게 말씀을 건네실 때, 남성과 여성 모두에게 회심, 참회, 자기 인식, 도덕적 인식, 자기 초월을 요청하신다. 그리하여 궁극적으로 사람이 되신 하느님을 만나기를 바라신다. 물론 성경은 역사적 사건들 안에서 어떻게 하느님이 인류에게 다가서시는지를 드러낸다. 하지만 이는 개인의 삶에 보편적으로 적용할 수 있는 모범으로 제시되었을 뿐이다. 성경의 진리는 역사적 틀을 넘어서지만, 동시에 그 진리는 역사와 결코 분리될 수 없다. 인류의 역사적 지식이 불완전함으로 가득 차 있다 하더라도 말이다.

〈하느님의 말씀〉 11항에 나오는 결정적 문장의 영어 번역은 라틴어에 정관사가 없다는 사실 때문에 더욱 악화되는데, 베리타스veritas라는 단어를 '진리'라고 번역해야 할지 '그 진리the truth'라고 번역해야 할지 모호하기 때문이다. '진리'라고 번역할 경우, 성경에 다양한 진리가 담겨 있으며, 그중 일부만이 인간 구원에 봉사하거나 혹은 구원에 덜 본질적인 수단으로 보일 수 있다는 인상을 준다. 사실 라틴어 원문의 온전한 의미는 다음과 같이 번역할 때 더 잘 보존된다.

> 성경의 책들은 우리의 구원을 위해 하느님께서 성경 안에 두기를 원하신 바로 그 진리the truth를 확고하고 성실하게 그르침 없이 가르치는 것으로 고백되어야 한다.

원문을 이렇게 번역하면 다양한 종류의 진리 중에서 선택하거나 구분하는 방식을 배제하며, 베리타스라는 단어가 가진 전체적이며 포괄적 의미를 보존하게 된다. 사실 그냥 '진리'라고 하면 마치 서로 다른 종류의 진리에서 선택된 진리라는 분배적 의미를 강조하게 된다.

성경을 통해 말씀하시는 신성한 저자인 하느님은 역사를 통해 당신 자신을 드러내시지만, 동시에 역사를 초월하신다. 그분의 영감을 받은 말씀은 계시의 '말씀과 행적'을 글로 기록한 것으로, 인간 저자들은 그 관점에 따라 자신의 재능과 잠재력을 활용하여 이 말씀과 행적을 표현하는 데 참여한다. 다만 그들은 자신의 역사적 존재의 한계를 넘어서는 계시를 온전히 이해하지는 못한다. 이것은 아브라함에서 모세까지, 그리고 예언자들에 이르기까지 계시의 도구가 되었던 모든 존재에게 해당한다. 물론 예수의 경우는 매우 다르다. 위격적 결합hipostatic union을 통해 그분은 성부와 유일무이한 방식으로 일치를 이루기 때문이다. 그리고 이 위격적 결합 때문에 예수의 행위와 말씀의 위격적 주체는 하느님의 외아들이라는 신적 위격이다. 하지만 예수의 이야기 속에서도 우리는 '한처음'(그리스어로 아르케*arche*: 요한 1,1 참조)부터 '궁극적 목적/끝'(텔로스*telos*: 요한 13,1 참조)에 이르는 한 인간의 역사를 본다. 그 여정은 유일무이한 '운명' 안에 형성된다. 그리스도의 인간 의식은 개념을 인지하고 질문을 제기하며, 한 주제에서 다른 주제로 옮겨 가며 성부께서 당신 아들이 지상 생활을 하는 동안 드러내기를 원하신 모든 것을 행동과 말씀으로 표현하신다. 죽은 이들 가운데에서 부활한 뒤에야 주님은 물질과 영 모두를 포함한 모든 피조물에 대한 권능을 부여받는다(마태 28,20). 이러한 예수의 행동들은 그분의 인성 때문에 철저히 역사 안에서 일어난다. 하지만 그분의 신성으로 인해 잠재적으로 역사를 넘어서며, 그분이 영광스럽게 되었을 때에는 실제로 역사를 완전히 초월한다.

2.6.4. 영적 의미에서 진리의 충만함

영감에 관한 신토마스주의의 가르침에 따르면 하느님에게서 비롯된 영감의 주된 효과 또는 결과는 '무오성'이다. 이것이 '오류 없는 진리'로 대체되었을 때, 사람들은 의미상의 전환이 일어날 것을 기대했다. 하지만 그때에 다음과 같은 진술이 나왔다. "성경은 그것을 기록하게 한 동일한 성령 안에서 읽어야 한다." 이것은 신토마스주의 교과서에 담긴 '영감/무오성' 모델을 훨씬 넘어서는 일종의 선언문처럼 들린다. 불행히도 사람들은 그것에 합당한 만큼의 주의를 기울이지 않았다. 가장 중요한 것은 라틴어 원문에서 스피리투Spiritu를 대문자로 써서 성령을 나타냈다는 점이다.[36]

전통적 신스콜라주의 논고들은 영감에 대한 논의가 (오류 없는 진리라는 의미의) 무오성으로 넘어갈 때 종종 담론의 전환을 드러내곤 했다. '주체 중심적' 영감('영감을 받은 저자')에서 '대상 중심적' 영감, 곧

'영감을 받은 본문'에 관해 이야기하게 된 것이다. 여기에 암시된 논리는 다음과 같다. 영감에 관한 논고 첫 번째 장에 '하느님은 성경의 집필 저자로 정의된다'라고 되어 있으니, 다음 장에서는 모든 성경의 진술이 절대적 의미에서 참되다고 결론 내릴 수 있다. 그 진술들의 (집필) 저자가 거짓말을 하거나 오류를 범할 수 없는 하느님이기 때문이다. 하지만 이런 논리의 전제가 잘못되었다면 결론이 참이라 하더라도 논리적으로 성립하지 않는다. 성경 본문의 작성은 인간 저자가 지닌 저술 기능의 산물이므로, 인간의 인식과 자기 표현의 한계라는 명확한 흔적을 내포하고 있으며, 이는 하느님께 적용할 수 없다. 〈하느님의 말씀〉은 계시와 영감의 정의를 확장하여 구체성을 지닌 역사와 메시지 모두를 포함한다. 그래서 하느님의 문학적 저자성과 그 결과물인 본문의 절대적 무오성 사이에 생겨나는 신스콜라주의적 난제를 피한다. 하지만 회칙 〈성령의 영감〉은 그렇게 하지 않았고, 그 결과 성경의 '신비적 의미' 구축에 대한 부정적 분위기를 만들어 냈다. 이 회칙은 "성서 주석서들 안에서 자신들의 마음을 하느님께 끌어올리고 영혼을 살찌우게 하며 내적 생활을 촉진시키기 위해 필요한 것은 거의 발견할 수 없다고" 주장하면서 끊임없이 우리가 어떤 영적인 해석, 그들의 말을 빌리자면, 신비로운 해석에 의존해야 한다고 주장하는 사람들을 효과적으로 침묵시키려 했다(《성령의 영감》 25항).

이 모든 사정을 되짚어 보면, 21세기 독자들은 〈하느님의 말씀〉이 계시에 관한 문서임에도 불구하고, 당시(1964년) 제2차 바티칸 공의회에 참여한 신학자들이 다루기 어려웠던 문제들을 뜻하지 않게 끄집어 내게 되었는지 이해할 수 있다. 앙리 드 뤼박과 같은 공의회의 일부 참가자들은 오리게네스의 말을 인용하여, 영감의 주요 효과는 각 본문의 이해할 수 없는 깊이, 모든 부분의 그리스도교론적 의미, '성령'의 현존 그리고 이런 의미에서 예수가 자신을 "길이요 진리요 생명"(요한 14,6)이라고 가리키며 말씀하신 진리에 있다고 주장했을 것이다. 성경의 진리가 구원과 구속을 가져다준다는 것은 이런 의미에서다. 또한 드 뤼박은 성경 어디에나 '영적 의미'가 있다는 오리게네스의 주장이 사도 전통으로 거슬러 올라가며, 그러한 가르침은 중세 말까지 교회에 남아 있다가 근대에 들어서야 점차 약화되었다는 사실을 보여 주었다.[37]

성경의 영적 의미를 온전히 다루는 것은 불가능하지만, 우리는 어떠한 타협도 없이 〈하느님의 말씀〉에 담긴 교부학적 비전에 충실해야 한다. 여기에서는 주요 함의 몇 가지를 언급하겠다.

(1) 수 세기 동안 성령은 교회에 봉사할 성경 본문을 제공하기 위해 성경 각 권을 저술하도록 저자들에게 영감을 주시고 인도하셨을 뿐만 아니라 교회를 통해 계속 말씀하셨다. 이는 교회가 그리스도를 선포하고 그분을 아는 "지식"(2코린 2,14 참조)을 성경이라는 기록된 도구들을 통해서뿐 아니라, 그리스도가 친히 교회의 모든 기능 안에서 위격적으로 현존하심을 보증함으로써 이루어졌다.

(2) '복음의 진리'(갈라 2,5.14)는 '메시지이자 선포'(1테살 1,5; 2,2.4.9; 3,2; 1베드 4,6 참조)이며, '성경에 기록된 모든 말씀'(루카 21,22; 24,27)의 의미는 육화라는 그리스도론적 사실과 살아 있는 그리스도라는 교회론적 사실을 내포한다. 이 그리스도는 부활하여 영광스럽게 되었고, 믿는 이들에게 개인적으로, 또는 그들이 함께 모여 있을

때 당신 자신을 드러내신다. 그러므로 성경의 진리는 더 고차원적이고 종합적인 현실, 곧 '되살아나시어 다시는 돌아가시지 않고 죽음이 더 이상 그분 위에 군림하지 못하는'(로마 6,9) 살아 있고 영광스럽게 된 그리스도를 이야기하지 않은 채, 참이라고 판명된 문장 몇 개로 축소할 수 없다.

(3) 성경의 진리는 충만함을 내포한다. 이 충만함 안에서 성경과 성사, 그리고 신자들의 모임은 하느님이 인류와 상호작용하신 구원 역사의 사건들을 떠올려 준다. 성경의 이러한 진리는 히브리인들에게 보낸 서간에서 하느님 말씀을 묘사한 "쌍날칼"(4,12)과 동일하다. 육화에는 단일 차원으로 축소할 수 없는 두 가지 본질적 측면이 있다. 하느님의 말씀이 역사적이고, 언제나 "살아 있고 유효하다"는 것이다. 역사 속에서 발화된 인간의 말들은 입 밖에 나오자마자 과거로 사라지지만, "그분 마음의 계획들은 대대로 이어진다"(시편 33,11). 하느님의 구원 역사는 완성을 향해 나아가지만, 그리스도는 "지금도 계시고 전에도 계셨으며 또 앞으로 오실 분"(묵시 1,4.8; 4,8 참조)이다. 그래서 그분의 부활한 존재는 현재적이며 능동적이다.

〈하느님의 말씀〉은 부활한 그리스도가 바로 성경의 진리라는 고귀한 관점을 전달하려고 했지만, 〈하느님의 말씀〉의 본문을 둘러싼 논쟁들은 성경 본문의 무오성 문제에 대한 불안과 집착으로 본래의 초점을 흐리게 만들었다. 성경 속 오류의 부재에 초점을 맞추고 인간 언설의 다양한 명제적 진리를 검증하는 데 몰두한 논쟁들은 성경 해석자들을 잘못된 길로 인도했다. 왜냐하면 그러한 관점에서 성경은 "진리의 기둥이며 기초"인 "살아 계신 하느님의 교회"(1티모 3,15)를 섬기는 것이 아니라, (인간적) 오류가 전혀 없는 문학작품을 저술하는 역할을 하느님에게 떠맡기는 고지식한 탐구의 대상이 되었기 때문이다. '온전히 정경적인 맥락'은 문학적 용어로 '창세기에서 요한묵시록까지'라고 정의될 것이 아니라, 계시의 충만함이라는 측면에서 '창조에서 종말까지' 이어진 하느님의 말씀과 행동이라는 현실로 정의되어야 한다.

하느님은 '가정교사*paidagogos*', 또는 '교육자'로서 인간과 함께 일하신다. 그리고 성경 본문에 간직된 말씀과 행적을 통한 하느님의 자기 계시에 믿음으로 응답하는 '구원의 공동체'를 만들어 가신다.[38]

2.7. 하느님의 자기 낮춤이라는 맥락에서 영감과 성경의 진리

2.7.1. 자기 낮춤의 의미

〈하느님의 말씀〉 13항은 '자기 낮춤'이라는 용어를 사용하여 영감과 육화의 유사성을 이야기한다.

> 그러므로 성경에는 하느님의 진리와 거룩함이 늘 손상되지 않은 채, 영원한 지혜의 놀라운 '자기 낮춤'이 드러나 있다. "이는 우리가 하느님의 형언할 수 없는 인자하심과 그리고 하느님께서 우리 인간을 배려하고 보살피시면서 얼마나 당신의 말씀을 알맞게 사용하셨는지를 배워 익히도록 하기 위해서이다."

이 구절은 요한 크리소스토무스의 창세기 강해[39]에서 인용했다. 또 〈인류〉는 그의 글에서 여러 구절[40]을 인용하면서 이 용어를 사용했다. 크리소스토무스가 '자기 낮춤'[그리스어로 쉰카타바시스*synkatabasis*=쉰*syn*(함께)+카타바시스*katabasis*(내려옴, 하강)]이라는 용어를 사용한 것은 뜻밖이다. 이 단어는 하느님의 아들을 하늘에서 내려온 빵에 비유한 요한복음의 육화와 성찬례 관련 주요 용어(요한 6,51.54.58; 참조 3,13)를 환기시킨다. 라틴어 본문은 이 단어에 담긴 풍부한 의미를 표현하기 위해 두 개의 용어를 사용한다. 첫 번째 콘데쉔시오condescensio는 피조물의 조건을 받아들임으로써 하느님이 당신의 초월적 우월성을 포기하신다는 뜻이고, 두 번째 아드템페라치오adtemperatio는 하느님이 듣고 이해하는 인간의 능력에 맞추어 말씀하신다는 의미를 가진다. 이를 강조하기 위해 '인간'이라는 단어가 13항 마지막 문장에서 네 차례 반복된다. "영원하신 아버지의 말씀이 연약한 인간의 육신을 취하여 인간들을 닮으셨듯이, 인간의 언어로 표현된 말씀들이 인간의 말과 같아졌기 때문이다." 요한 크리소스토무스가 교부 주석에서 안티오키아 학파에 속한다고 알려졌지만, '자기 낮춤'이라는 용어는 그 전통에만 국한된 것은 아니었다. 그 용어를 처음 사용한 사람은 성경을 말씀의 육화와 연결 지은 최초이자 가장 중요한 사상가인 오리게네스일 것이다. 오리게네스의 작품을 라틴어로 번역하는 과정에서 그의 이러한 사상은 수 세기 동안 라틴 전통(아우구스티누스, 대大그레고리우스, 클레르보의 베르나르두스)에 스며들었다. 그리고 '인간의 육신', 곧 공의회 본문이 이야기하는 아쑴타 카로assumpta caro(역자주: 말씀이 취하신 육신)는 신적 계시의 빛을 감추기도 하고 드러내기도 하고, 그것의 전달을 방해하기도 하고 돕기도 한다는 점을 강조하게 되었다. 그림자나 막처럼 그리스도의 인성은 하느님 진리의 찬란함을 감소시켜 인간의 눈을 보호하는 동시에 빛나는 것이 무엇인지 인간이 감지할 수 있게 한다. 마찬가지로 유비적 사고를 통해 계시된 진리를 감지하고 비교하는 인간의 능력(인간은 이 능력을 일상적 지식을 통해 얻는다)에 맞추지 않으면 하느님 말씀은 인간에게 다다를 수 없다. 이렇게 해야 인간은 하느님이 말씀하시는 바를 이해할 수 있게 된다.

교부 전통의 이러한 사상은 영감 신학이 종교적 인식론 전반에 대한 성찰을 전제하고 있음을 보여 준다. 하느님이 친히 인간에게 다가선다는 생각은 그분이 인간 차원으로 내려오시는 자기 낮춤을 시작하시어, 하느님과 인간 사이의 인격적인 만남 속에서 공통성이 생겨났음을 의미한다. 따라서 그리스도교 계시의 맥락에서 보자면, 구원 역사의 시작부터 우리는 인류가 강생한 예수의 지상 생활에 참여했음을 발견하고, 다른 한편으로는 구약성경에 예견되었고 특정한 시기에 예수의 개별 인간 본성 안에서 완성에 이른 하느님의 육화적 현존을, 예수의 인간적 생애(행위와 말씀) 안에서 보게 된다. 부활한 예수는 역사의 차원을 넘어선다. 신적 위격이라는 정체성 때문에 예수 개인의 인간 본성과 영원한 신성은 온전하고 완전하게 결합된다. 이로써 우리는 다시금 예수의 말씀이 진리임을 깨닫는다.

> 하늘과 땅은 사라질지라도 내 말은 결코 사라지지 않는다(마태 24,35; 마르 13,31; 루카 21,33).

놀랍게도 공관복음서는 이 말씀을 '완전히 동일한 문장 형태'로, 그리고 종말론적 논의라는 '공통된 맥락 아래' 보존했다. 우리는 이 문장에서 글로 적거나 인쇄한 말씀만이 아니라 "살아 있고 힘이 있는"(히브 4,12) 말씀으로 인류에게 끊임없이 말을 건네시는 하느님 말씀의 영원성을 본다.

2.7.2. 무오성의 불완전성

계시는 역사 안에서 점진적으로 이루어지고 하느님의 진실된 말씀은 계시로 구성되어 있다. 하지만 계시의 진리는 점진적으로만 이해될 수 있으며, 어떤 시점에서도 항상 불완전하고 부분적으로만 이해된다. 〈하느님의 말씀〉이 신학적 의미에서 무오성이라는 완벽주의적 용어를 완전히 거부하지는 않으면서도 사용을 자제한 것은 이 때문일 것이다. "그르침 없이"라는 용어를 포함함으로써 공의회는 오류 없는 성경이라는 개념을 계속 지켜 나갈 것임을 분명히 했다. 하지만 공의회는 논의를 지속하여 이 개념을 더욱 섬세하게 다듬을 필요가 있다는 사실을 외면했다. 그래서 성경이 '오류 없이' 계시를 기록한 글이라는 개념은 불완전성과 양립 가능하며, 인간의 모든 문학작품에서 나타나는 '상시적' 불완전성과도 공존할 수 있다.

이렇게 연관 지을 때 '진리'라는 단어를 여러 방식으로 이해할 수 있다는 사실이 드러난다. 예를 들어, 지리나 역사적 용어들은 보통 '오류를 담고' 있다고 말하지 않는다. 문학적 문맥이나 내러티브 문맥이 높은 수준의 정확성을 요구하지 않는다면 말이다. 더구나 복음서의 내러티브들은 역사적 사건에 대한 대중적 이야기를 전달할 때, 그 문학적 장르를 존중해야 한다. 마르 6,14-26에서 헤로데 안티파스는 '임금'이라 불리지만 그의 공식 직함은 '에트나르케스*ethnarches*'(특정 민족의 우두머리)였을 뿐이다. 마르코복음에서 세례자 요한의 처형 이야기는 갈릴래아에서 요한과 예수의 제자들 사이에 구전되던 가장 널리 알려진 이야기일뿐이다. 그러니 여기에서 역사적 정확성을 기대해서는 안 된다. 마태 27,9-10은 실제로는 즈카르야서 말씀을 인용하지만, 예레미야의 예언이라고 말한다. 하지만 마태오복음에서 즈카 11,12-13은 예레 18,1-4과 뒤섞여 있으며, 동시에 예레 32,6-9을 떠오르게도 한다. 그러므로 더 잘 알려진 예언자 한 사람의 이름만 언급한다고 문제 삼을 이유가 없다. 이러한 본문 결합이 마태오복음 전체를 관통하는 주제인 '예언의 성취'라는 문맥에 적합한지는 여전히 논란의 여지가 있지만, 마태오는 즈카르야 대신 예레미야를 언급하는 '오류'를 저지른 것이 아니고 단순히 문학적 기법을 사용했을 뿐이다. 따라서 이러한 '성경의 오류로 간주된 예시들'은 문자주의자나 지나치게 세심한 사람들을 제외하고는 '무오성'이나 '성경의 진리'와 관련해 중대한 문제가 아니다.

훨씬 더 중요한 문제는 하느님이 부도덕한 행위를 했다고 하거나 그러한 행위가 하느님의 묵인 아래 이루어진 것처럼 보이는 구절들이다. 예를 들어 성경의 많은 저자가 성조들의 삶에서 '정상적' 제도처럼 등장하는 일부다처제를 언급한다. 이에 대한 전통적인 해석은 '하느님의 교육 방식'을 이야기하는 것이다. 즉, 고대근동의 국제 정치적 환경 속에서 왕궁의 일부다처제는 정상적이고 관습적인 제도로 간주되었다. 어떤 경우든 아브라함에서 모세에 이르기까지의 구약 전반에서 하느님은 당신 기준에 맞는 나라를 만들어 가시는데, 그 과정에서 그분의 백성은 이교도의 관습에서 서서히 벗어난다. 오늘날 교회가 해석하는 십계명의 도덕성이나 현대적 유일신론 개념을 이집트 탈출 직후의 이스라엘 사회에 그대로 투사하는 것은 부적절하다. 십계명 계시를 자연법적 도덕이라는 관점에서 접근해 보는 것은 올바르고 필요한 일이다. 하지만 그러한 생각이 초기 이스라엘에 흔했다고 여긴다면 시대착오다. 이스라엘이 광야에서 헤매는 동안 모세 율법과 정결 규정이 완전한 형태로 발전되어 실행되었다고 생각해서는 안 된다.

더 심각한 문제는 약속의 땅 점령에 대한 내러티브와 관련된 본문들이다. 특히 이스라엘 백성이 이교 예식과 문화, 가나안의 우상숭배 관습을 배우지 않도록 하느님이 모든 것을 완전히 멸하라고 명하시는 경우가 있다. 이 규정은 그 어떤 자비도 베풀지 말고, 생존자를 남기지 말라는 절대적 불관용의 형태로 거듭 언급된다.

> 주 너희 하느님께서, 너희가 차지하러 들어가려는 땅으로 너희를 데려가시고, 많은 민족, 곧 너희보다 수가 많고 강한 일곱 민족인 히타이트족, 기르가스족, 아모리족, 가나안족, 프리즈족, 히위족, 여부스족을 너희 앞에서 몰아내실 때, 그리고 주 너희 하느님께서 그들을 너희에게 넘겨주셔서 너희가 그들을 쳐부수게 될 때, 너희는 그들을 반드시 전멸시켜야 한다. 너희는 그들과 계약을 맺어서도, 그들을 불쌍히 여겨서도 안 된다.

> 너희는 또한 그들과 혼인을 해서는 안 된다. 너희 딸을 그들의 아들에게 주지도 말고, 너희 아들에게 주려고 그들의 딸을 맞아들여서도 안 된다. 그런 짓은 너희의 아들이 나를 따르지 않고 돌아서서 다른 신들을 섬기게 만들 것이다. 그러면 주님의 진노가 너희를 거슬러 타올라 주님께서 너희를 곧바로 멸망시키실 것이다.
>
> 오히려 너희는 그들에게 이렇게 해야 한다. 그들의 제단들을 허물어뜨리고 그들의 기념 기둥들을 부수며, 그들의 아세라 목상들을 찍어 버리고 그들의 우상들을 불에 태워 버려야 한다.
>
> 이는 너희가 주 너희 하느님의 거룩한 백성이며, 주 너희 하느님께서 너희를 선택하시어 땅 위에 있는 모든 민족들 가운데에서 너희를 당신 소유의 백성으로 삼으셨기 때문이다(신명 7,1-6).

히브리어 헤렘*kherem*은 칠십인역에서 종종 아나테마*anathema*(레위 27,28; 민수 21,3; 신명 13,18; 여호 6,17-18; 7,22-23; 판관 1,17)로 번역되는데, 이는 외래 종교의 모든 성물을 완전히 파괴해야 하며 '성전聖戰'을 수행할 때 전리품을 챙겨서는 안 된다는 뜻을 담고 있다. 위에서 인용한 본문과 같은 문헌들은 국가나 부족이 섬기는 신의 보호 아래, 그 신을 위해 싸운다는 원시적인 생존 투쟁의 개념을 다룬다. 이런 개념은 이스라엘의 성경에도 반영되어 이스라엘의 특권적 운명에 관한 가르침과 그들의 유일신 신앙이 어떤 타협도 허용하지 않는다는 교훈을 전달한다. 하지만 성경에서 언급한 헤렘을 하느님이 허락한 집단 학살 체계로 이해해서는 안 된다. 최근 고고학 연구는 이러한 성경의 명령이 약속의 땅 점령 중에 실행되지 않았으며, 유배 기간 중에 오경의 편집자들이 소급하여 본문에 도입했다는 사실을 확인해 주었다. 이들은 어떻게 이스라엘이 이교도의 생활양식에 동화되어 자신들의 원래 유산을 잃었는지 보여 주기를 원했다. 따라서 헤렘에 관한 본문들은 하느님이 계시로 모세에게 주신 당신의 지시 사항을 반영하지 않는다고 보아야 한다. 헤렘에 관한 이 본문들은 무자비한 종교 전쟁을 실행하기 위한 명령이라기보다는 제의적·종교적 분리 원칙을 표현한 것이다. 신명기, 여호수아기, 판관기, 사무엘기 상권(15,21)에서 헤렘은 이스라엘이 성읍과 성전, 관습, 농업 전통, 종교적 신념과 같은 피정복 국가들의 문화와 재산을 차지할 때, 그들을 약탈하고 착취하려는 경향을 보였을 뿐만 아니라 탐욕스럽고 이기적었다는 사실을 질책하고 꾸짖는 맥락에서 나타난다. 헤렘 명령을 포함한 성경 구절들은 이민족을 몰아내야 한다는 이스라엘의 종교적 고립주의라는 이념적 입장을 과거로 소급하여 투영한 것으로 볼 수 있다. 이러한 해석은 '신명기계 역사서' 개정과 맥을 같이 한다. 이스라엘 백성이 조상 대대로 내려온 유일신 신앙을 거스르고 이방인들을 몰아내는 대신, 그들의 문화와 관습을 받아들여 죄를 지었다는 점을 설명하려는 것이다. 그들은 이방인의 아내와 딸들과 결혼하고, 포로를 노예로 삼았으며, 주술을 배우고, 하늘의 신(별)을 포함한 다신교 제의에 참여하고 다양한 형태의 풍요신 숭배 예식을 거행했다. 그중에는 인신 제사, 특히 어린이를 제물로 바치는 관습은 성경 곳곳에서 역겨운 일로 간주되었으나 고대근동 사회를 포함한 대부분의 농경 사회의 종교에서 찾아볼 수 있다.[41]

하느님의 자기 낮춤은 당신 백성이 도덕적으로나 문화적으로 부족함이 많음에도 하느님이 기꺼이 그들에게 다가가심을 의미한다. 헤렘 명령은 오랜 역사에 걸쳐 폭력적인 민족 갈등 속에 행해졌던 '성전'의 유감스러운 한 단면으로 볼 수 있다. 하느님이 이스라엘에 다가가신 역사 속에서 그러한 관행이나 사고방식은 피할 수 없는 일부분이었던 것 같다. 그 의도는 당신의 백성을 양성하는 것이었고, 이를 위해 하느님은 자비로이 그들을 인내하셨다. 사실 예전부터 하느님은 타락한 상태의 다양한 단계에 있는 인류에게 말을 건네셨다.

인간의 '불완전성'은 시간적 관점에서만 이해되어서는 안 된다. 또 다른 차원은 하느님이 남녀에게 '부분적' 진리와 '불완전한' 개념을 가르치심으로써 인간의 '유한한' 본성에 당신 자신을 맞추신다는 사실에서 드러난다. 여기에서 우리가 다루는 것은 인간의 존재론적 '불완전성', 즉 영적·신적 진리를 완전히 이해할 수 없는 인간의 근본적 한계이다.

2.7.3. 성실하고 확고하고 그르침 없는 성경 속 진리

〈하느님의 말씀〉 11항은 피델리테르fideliter(성실하게), 피르미테르firmiter(확고하게), 시네 에로레sine errore(그르침 없이)라는 표현을 사용하여 성경이 진리를 가르친다고 말한다. 이 표현들의 의미를 자세히 살펴보면 도움이 된다. 무오성이라는 문맥에서는 성경이 다양한 '진리들'을 말한다고 볼 수밖에 없지만, 그러한 접근법은 보통 오해를 불러일으킨다. 보다 올바른 이해는, 하느님의 살아 있는 말씀이 "진리" 곧 살아 있는 그리스도를 전달한다고 보는 것이다. 이는 마치 풍부한 물이 강을 흘러넘치게 하듯, 믿음으로 듣고 받아들이는 모든 이들에게 그 풍요를 나누어 주는 것과 같다. '진리'를 나눌 수 있는 무엇으로 본다면, 곧 진리를 다수의 참명제라고 본다면 마치 하느님이 당신 메시지를 전달하는 이보다 크지 않은 것처럼 조각난 문장들로 이야기하신다고 생각할 수 있다. 우리는 다시 시편 62,12에 대한 교부들의 가르침을 떠올릴 수 있다. 앞에서도 인용했던, 성 베르나르두스가 아주 간결하게 표현한 구절이다.

> "하느님께서는 단 한 번 말씀하셨습니다. 한 번이지만 그 말씀은 언제나 계속되며, 단 하나의 멈추지 않는 영원한 말씀이십니다."

하느님에게는 영원한 말씀이라는 한 번의 '언어 행위'가 있을 뿐이다. 하느님은 창조 때부터 인류의 여정을 함께하시며 '낮춤과 맞춤'을 통해 인간의 역사 내내 동행하신다.

〈하느님의 말씀〉의 계시 신학이 제시하듯, 영감은 인간이 듣고 이해하도록 하느님 말씀을 전달한다. 하느님의 언어 행위는 성경에서 문자적 형태로 고정되어, 인간이 안정적인 방식으로 접할 수 있는 본문으로 표현된다. 이것이 피르미테르(확고하게)라는 말의 의미이다. 하지만 피르미테르가 피델리테르(성실하게)와 함께 나오면 궁극적으로 절대 변하지 않는 영원한 진리를 가리킨다. 이는 히브 13,8에서 표현된 그대로이다. "예수 그리스도는 어제도 오늘도 또 영원히 같은 분이십니다." 성경의 진리는 그리스도를 드러내는 방식에 있으나, 단순히

'역사적 예수'에 대한 인간 기억을 보존하는 내러티브라는 좁은 의미에 있지 않다. 복음의 내러티브들은 예수가 실제로 행하고 가르친 내용을 그저 "충실하고 진실되게"(현대적 어법으로는 "객관적으로") 전달하는 것 이상을 전한다. 복음서 본문은 한 발짝 물러서서 치우침이 없이 보도하는 기자가 아니라, 의심과 실수와 깨달음의 순간들, 그리고 처참한 패배를 경험했지만 결국은 성령으로 신앙이 굳건해진 제자들이 쓴 글이다. 육화한 말씀 가장 가까이에서 형성된 이 기록들에서 말하는 성경의 진리는 로마 역사가 타키투스와 같이 자신이 목격한 모든 것을 감정이나 편견 없이 기술했다고 주장하는 공정하고 객관적인 진술로 축소될 수 없다. 복음서의 진리는 사도적 신앙의 진리이다. 복음사가들은 분명 신앙인이었고 그런 의미에서 '편향'되었다. 그들은 자신들이 선포하고 기록한 이야기의 주인공인 예수를 사랑하고 그분을 위해 고통을 겪었기 때문이다. 복음사가들은 교회가 예수에 관해 들어야만 하는 내용을 이해할 수 있는 방식으로, 그리고 어떤 의미에서는 포괄적인 방식으로 재생산하기 위해 상당한 어려움에 맞서야 했다. 그들은 단순히 인간적 필요를 충족시키는 것이 아니라 부활한 그리스도가 남긴 신성한 명령에 복종해야 했다. 바오로 사도 역시 자신이 전하는 메시지의 진리가 그리스도와의 만남에 기반한다고 생각했고, 그 만남을 계시라 불렀다. "그 복음은 내가 어떤 사람에게서 받은 것도 아니고 배운 것도 아닙니다. 오직 예수 그리스도의 계시를 통하여 받은 것입니다"(갈라 1,12). 사도적 교회는 히브리 성경을 자기들의 경전으로 읽고 받아들였다. 왜냐하면 히브리 성경이 그리스도를 통해 말씀하신 동일한 성령의 영감에 의해 쓰인 것이라 믿었기 때문이다. 따라서 성경의 진리란, 단순히 지식이 풍부한 역사가나 도덕적 판단이 뛰어난 윤리학자, 또는 천재적인 종교 작가가 쓴 진리와 같은 것이 아니다. 그것은 계시의 진리이다. 성경의 저자들은 확장된 의미에서 '예언자와 사도'였고, 그들은 같은 성령의 조명과 인도를 받으면서 예언자와 사도의 은사에 참여했다.

계시가 문자로 기록되는 과정은 인간 본성, 문화, 역사에 맞게 조정된 것이다. 이것은 성경 속에 나타나는 인간의 미숙과 잔악, 무지, 문학적 기술의 부족, 시대적 한계를 정당화하려는 변명이 아니다. 오히려 하느님이 우리의 제한적인 능력과 사고 개념에 맞게 말씀하지 않으시면 우리와 효율적으로 소통할 수 없기 때문이다. 지식인이라면 누구나 우리의 지식이 유한하고, 아무리 진보하더라도 우리의 무지는 무한하다는 점을 인식한다. 만약 성경의 인간 저자들이 참된 저자라면, 그들의 글은 그리스도라는 진리를 오류 없이 전달할 것이다. 그러나 그것은 모든 것을 아는 인간의 완벽한 문학적 산물을 통해서가 아니다. 인간이 세상과 자기 과거에 대한 지식과 이해가 자라난다 하더라도, 그의 인식은 결코 완벽에 이르지 못한다. 완전해질 수 있는 지식은 필연적으로 불완전하다.

가장 오래된 교부 문헌 중 일부는 요한 크리소스토무스보다도 앞서, 하느님의 '자기 낮춤'이 하느님의 교육 방식이라고 이야기했다. 좋은 예가 2세기 말 이레네우스의 가르침이다.

> 이와 같이, 하느님은 당신의 관대하심 때문에 먼저 사람을 만드셨다. 그러나 그분은 그들 구원을 위해 성조들을 선택하셨다. 그리고 완고

> 한 이들이 하느님을 따르도록 가르치시면서 미리 백성을 준비하셨다. 지상에 예언자들을 일으키셨고 (인간 존재 안에 있는) 그분의 영을 모실 수 있도록, 그리고 하느님과 친교를 나누도록 인간을 익숙하게 만드셨다. 하느님 자신은 아무런 필요가 없으신 분이지만, 그분과의 친교가 필요한 이들에게 친교를 허락하셨다. 그리고 당신을 기쁘게 하는 이들을 위해 마치 건축가처럼 구원 계획을 세우셨다. 그리고 그분은 몸소 이집트가 아닌 곳에서 그분을 본 사람들을 인도하셨고, 광야에서 복종하지 않게 된 이들에게는 (그러한 이들의 상태에) 매우 적절한 율법을 선포하셨다. 그리하여 약속의 땅에 들어간 백성에게는 고귀한 유산을 허락하셨다. 그리고 마음을 바꾸어 성부에게 돌아온 이들을 위해 살진 송아지를 잡으시고 가장 좋은 옷을 입히셨다(루카 15,22-23 참조). 이처럼 하느님은 다양한 방식으로 인류를 구원에 적합하게 만드셨다. 이런 사정을 두고 요한은 묵시록에서 이렇게 선언했다. "그분의 … 목소리는 큰 물소리 같았습니다." (하느님의) 영은 진정 큰 물(과 같다). 성부는 부유하시면서도 위대하시기 때문이다. 그리고 저 모든 사람들을 통해 전달되는 말씀은 (그들 가운데) '모든 계층에 맞게 변용하고 적용할 수 있는' 율법을 글로 작성함으로써 그분 백성에게 마음껏 유익을 베푸셨다(《이단 논박》 제4권. 14.2.).

하느님이 우리의 한계에 맞게 당신 말씀을 조절하신다는 개념은 〈성령의 영감〉의 내용과 함께 이해되어야 한다. 〈성령의 영감〉은 하느님이 당신 말씀을 문학 장르에 맞게 하시어, 인간 청자들이 이해할 수 있게 하셨다고 가르친다.

> 그러나 성서적 영감에 대해 정확한 개념을 가지고 있는 사람들이라면 아무도, 다른 고대 저자들의 작품에서처럼 거룩한 저자들의 글 속에서도 설명하고 이야기할 때의 고정된 어법, 분명한 관용어, 셈족 언어의 특징인 이른바 동화나 더욱 강력한 개념을 상대편 마음에 심어 주기 위한 과장법과 역설법 등을 발견할 수 있다고 해서 놀라지 않을 것이다. 고대인들, 특히 근동인들이 자신들의 생각을 표현하기 위해 사용한 표현 양식들 가운데 그 어느 것도 거룩한 책에서 배제되지 않고 거기에 채택된 어법이 결코 하느님의 거룩함과 진리에 모순되지도 않는다. 천사적 박사(성 토마스 아퀴나스)께서는 이미 이 사실을 다음과 같은 보편적 지혜의 말씀으로 간파하셨다. "성서 안에서 하느님께 관한 사정은 사람들이 일반적으로 사용하는 어법을 통하여 우리에게 표현되었다"(히브리인들에게 보낸 서간 주석, 제1장, 4). 하느님의 본체적 말씀이 "죄악을 제외한"(히브 4,15) 모든 면에서 인간과 똑같이 되셨기에 인간의 언어로 표현된 하느님의 말씀들은 오류를 제외한 모든 면에서 인간의 언어와 똑같다. 이것이 바로 요한 크리소스또모 성인께서 최고의 찬사로 칭송하셨고 성경 안에서 그것을 발견할 수 있다고 누차 주장하셨던 섭리의 하느님의 "겸손(= 자기 낮춤)"이다.[42]

다시 말해, 성령이 구원을 위해 영감을 받은 글 안에 담아 두신 진리는 특별한 종류의 진리에 속하지 않는다. 그러니 주석가가 그 특별한 진리가 영감의 보호 그늘 아래 있다는 의미에서 시네 에로레, 곧 오류가 없다고 진단하여 그것을 다른 종류의 진리들과 구별할 수 없다. 또한 그 진리가 단순히 문학적 장르 분석을 통해 인간 저자의 의도에 속한다고 해석되고, 그 결과 주요 저자인 하느님에게 자동으로 귀속된다고 말할 수도 없다. 영감을 받은 본문의 진리는 구원의 공동체가 배웠고, 계속해서 배우고 있으며, 성령의 인도 아래 '쉬지 않고 하느님의 거룩한 백성을 만들어 가시는 그 성령에게 배웠다고 인지하는 것'이다. 〈하느님의 말씀〉 11항이 계속해서 "영감을 받은 교회"뿐만 아니라 "영감을 받은 저자"와 "영감을 받은 본문"(그리고 그런 의미에서 "영감을 받은 독자")의 요소들이 서로 연결되었다고 보려는 이유가 이 때문이다.

2.7.4. 저자의 의도와 진리

성서 연구를 다루는 서적 대부분은 인간 저자가 특정 본문을 창작할 때 무엇을 의도했는지 규명하고자 한다. 이미 언급했듯이 〈성령의 영감〉은 문자적 의미, 곧 인간 저자가 의도한 의미의 우선성을 강조함으로써 이러한 경향을 촉진했다. 아마도 '과거'(공의회 직후)의 주석가들은 여전히 인간 저자의 의도를 밝힐 준비가 되었다고 느꼈을 것이다. 하지만 오늘날 많은 주석가는 이 문제에 더 신중하게 접근한다. 따라서 영감 신학은 저자의 의도가 본문의 의미를 결코 온전히 드러내지 않는다고 할 때 설득력을 얻을 수 있다. 하느님의 계시는 인간을 교육한다. 하느님의 겸손과 낮아지심은 과거에나 현재에나 그분 말씀의 의미를 이해하기 위해서는 그분 말씀에 귀 기울여야 한다고 가르친다. 글로 적힌 문서인 성경은 하느님 백성이 자신들의 역사를 기억하고 어떻게 자신의 죄스러운 실패가 과거에 흠집을 내었는지, 그리고 하느님이 어떻게 미래에 대한 희망을 주셨는지를 모두 깨닫도록 창작되었다. 예수의 인간 역사에도 교육 과정이 있다. 회개하라는 초대, 그리고 인간의 고통과 죽음이라는 심연으로 말할 수 없이 당신을 낮춘 일이 점진적으로 펼쳐진다. 거룩한 역사가 흘러가면서 후대의 학문은 선대의 학문을 향상하고 명료하게 한다. 하지만 후대의 통찰이 이전 의견들의 중요성과 타당성을 파괴하지 않는다. 인류의 점진적 배움은 각 시대와 모든 개인의 여정에서 새롭게 재생산되기 때문이다. 개인으로나 집단으로나 인간은 현재 진행 중인 작품이다. 성경을 하느님과 함께하는 인간 여정의 기록이라 한다면, 그것은 성공과 실패 모두의 측면에서 구원의 드라마를 보여 준다. 드 뤼박의 《중세 주석*Medieval Exegesis*》은 성경이 구원 역사의 과정에서 우리의 집단의 이야기와 개인의 이야기를 동시에 들려준다는 교부들의 원칙을 상기시킨다. 고대 저자들은 "우리 모두를 위해 한 번에 성취되었던" 일이 우리 개인의 역사에서 "매일" 되풀이된다고 말한다(《중세 주석》 vol. 2, 134-143 참조). 이것이 전례와 각 개인의 삶에서 성경을 끊임없이 읽어야 하는 근본 이유이다.

2.7.5. 하느님 진리의 초월성

하느님의 자기 낮춤은 결코 하느님의 말씀이 거짓을 말하거나 읽는 이를 속이는 것까지 허용하지는 않는다. 하지만 여전히 의문이 남는다. 하느님의 말씀이 어느 정도의 무지나 이해의 부족과 양립할 수 있을까? 사람이 되실 때 하느님은 아기로 태어나기로 선택하셨다. 즉, 말 못하고 겉보기에는 (그리고 인간 면에서는 진정으로) 무지한 존재이다. 그렇지 않았다면 예수는 지식과 지혜가 자라날 수 없었을 것이다(루카 2,52). 실제로 그분은 말하는 법을 배우고, 시편과 같은 본문을 암기하고, 개념 사이에 존재하는 논리적 고리를 깨닫고, 정보를 모으고, 추론적 사고를 훈련하며, 단어를 잘못 발음하거나 이름을 잊거나 외국어를 이해하지 못했을 때 틀린 부분을 올바르게 교정받으면서 지식이 자라났다.

육화한 성자 안에서 가장 분명하게 드러나는 것은, 하느님이 자기 낮춤을 통해 우리의 지식 수준에 당신 자신을 맞추셨고, 심지어 인간 무지의 다양한 사례와 형태를 경험하면서까지 인간이 알고 느끼는 방식에 참여하셨다는 점이다. 이것은 예수의 온전한 신성을 본성에서나 위격에서나 전혀 축소하거나 부정하지 않고, 오히려 그분의 카타바시스*katabasis*, 곧 인간적 앎의 영역으로 '내려감'을 드러낸다. 고전 신학은 신체적·심리적 고통을 겪는 예수의 연약하고 유한한 인성을 이야기할 때 항상 이 사실을 확인했다. 육화에 담긴 논리적 함의는 예수도 무지를 경험하고 그에 따라 인간적 지식이 점진적으로 성장하였으며, 개념을 형성하고 논리적 단계를 따라 나아가는 법을 배우면서 논증하는 사고 방식을 체득하였다는 것이다. 성부를 대신하여 영감을 받은 (성령이 충만한) 계시자의 으뜸가는 모범인 예수에게 육화와 인간 발달(배아에서 성숙까지)이 의미하는 바가 이러하다면, 다른 모든 예언자와 거룩한 저술가와 사도적 증인은 모두 온전히 인간으로, 곧 부분적으로 지식이 있지만 부분적으로는 여전히 무지한 인격체로 여겨져야 한다.

우주론에서 '빅뱅 이론'은 결정적으로 증명할 수 없기에 과학 가설로 남아 있다. 그 정확한 의미는 물리학을 배우지 않은 이뿐만 아니라 철학적 훈련을 받지 않은 과학자들에게도 불명확할 수 있다. 과학 이론과 비교할 때 "한처음에 하느님께서 하늘과 땅을 창조하셨다"(창세 1,1)라는 진술이 더 이해하기 쉽다. "처음"이라는 단어의 평범한 의미와 "하느님"이라는 단어의 사전적 정의를 아는 이라면 누구나 "하늘과 땅"이라는 말이 '두 단계'의 세상, 다시 말해 인류의 거주지와 그 주변 환경, 그리고 우리의 직접적 지각을 벗어나는 나머지 현실 모두를 포함하는 우주를 표현한다는 것을 깨닫는다. 창세 1,1에 관해 우리가 던질 수 있는 질문은 무수히 많지만, 이 구절은 물리적이든 영적이든 그 어떤 존재도 하느님보다 먼저 있지 않았다는 단순한 진리를 훌륭하게 전달한다. 다시 말해, 우리 감각으로 지각할 수 있는 것(유형visibilia)과 그것을 넘어서는 것(무형invisibilia) 모두 하느님으로부터 기원했다는 사실이다.

하느님이 우리 능력 수준에 맞게 말씀하시는 것을 보여 주는 비슷한 예가 많다. 하지만 그러한 예들은 답변할 수 없는 수많은 질문을 남긴다. 하느님은 인간에게 성공적으로 말씀하시고 그분 말씀이 참됨은 의심할 여지가 없다. 그 말씀이 우리의 그릇된 생각을 모두 없애 버리지는 않지만 말이다. 구원 역사에서 예기치 않은 전환을 통해 하느님은 우리를 놀라게 하시고, 그분이 말씀하신 많은 것이 설명되지 않는 느슨한 결말을 남긴다. 성경 내러티브에서 우리는 꽤 자주 대중적 스토리텔링의 특징들을 만나게 된다. 이러한 사실은 역사를 다룬 본문 대부분의 문학 장르가 단순한 독자를 전제로 한다는 것을 보여준다. 빈틈과 겉보기에 모순되는 세부 사항이 여기저기에서 발견되고, 화자가 자기 이야기를 전달하는 방식에 정확성이 부족하다는 것도 드러난다. 어떤 의미에서는 문법과 구성이라는 측면에서 끔찍한 '오류'가 있다. 본문비평의 온갖 노력에도 우리는 종종 어떤 오류가 저자의 것이고 어떤 오류가 필사가의 것인지 확실히 구분할 수 없다. 마찬가지로 히브리어, 그리스어, 아람어 본문에서 흔하지 않은 문법구조가 반드시 오류에서 비롯된 것은 아닐 수 있다. 원문이 수 세기에 거쳐 필사되고 읽히고 보관되고 전달되는 사이에 해당 언어(대부분의 경우 히브리어)가 의미심장한 변화를 겪었을 수 있기 때문이다. 필사가들은 고대의 문서를 베껴 쓰기만 한 것이 아니라, 덜 고리타분하고 덜 모호해 보이도록 많은 문서를 '업데이트'하려는 노력을 기울였다. 성경에는 문화적 특성을 드러내는 내용이 많다. 현대 언어학자들은 받아들이지 않지만 보통 신학적 의미를 담은 일반적이거나 억지로 꾸며 낸 어원 설명, 철자법이 통일되지 않아(또는 단지 해당 장소가 사라져 고고학자들이 아직 그곳을 발견하지 못한) 모호한 지명이 그런 것들이다. 고대의 저자들은 상징을 즐겨 사용했다. 그래서 역사가들이 부정할 수도 있는 성경 구절이 많지만, 신학자들의 눈에는 이러한 구절들이 중요한 의미를 담고 있으면서도 자연현상에 대한 과학 이전의 사고를 반영한다고 여겨진다. 이야기들에는 빈틈과 그럴듯한 동기가 부족한 행위들, 잘못된 동일시, 어색한 상호 참조도 있다. 이러한 불완전성은 셀 수 없을 만큼 많다. 하나님은 여러 시대의 저자들에게 자신을 낮추시고, 세속적 주제와 종교적·윤리적 메시지 모두에 맞게 당신 언어를 조정하신다. 그럼에도 여전히 말씀하시는 분은 하느님이다. 하느님이 이런 식으로 말씀하시기에, 그분의 진리와 거룩함은 어떤 의미에서 가려져 있지만 손상되지 않은 채 드러난다(《하느님의 말씀》 13항).

교황청 성서위원회의 문헌, 〈성경의 영감과 진리*The Inspiration and Truth of Sacred Scripture*〉는 제3부(123-156쪽) 전체를 성경의 영감과 진리에 도전하는 본문의 해석에 할애하고 있다. 이 문헌은 먼저 역사 본문(대부분 구약성경과 신약성경의 기적 이야기들이다)에 나타나는 "모순과 역사적 부정확성, 개연성 없는 내러티브들", 그리고 하느님 의지의 현현에서 나타나는 "사회적·윤리적 문제들"(일부다처제를 묵인하거나 매춘을 용납하고, 소수자와 여성에 대한 억압을 허용하는 듯한 부분)을 살펴본다. 교부들, 특히 자기 신자들을 돌보는 주교와 같이 이교도와의 변증론적 논쟁에 참여했던 이들은 수 세기 전에 이 가운데 많은 문제를 거듭 다루었다.[43]

시편 12,7("주님의 말씀은 순수한 말씀, 흙 도가니 속에서, 일곱 번이나 정제된 순은이어라")은 하느님의 영감 받은 말씀이 지닌 최고 수준의 이상을 표현하는 것처럼 보이지만, 그 안에 사용된 금속 제련의 은유는 탁월하다. 히브리어 본문은 은을 정제하는 지속적 과정을 나타내기 위해 '일곱'이라는 단어의 복수 형태를 사용한다. *New Living Bible*은 이 부분을 "도가니 속에서 '일곱 번 거듭' 정제된 순은처럼"이라고 훌륭하게 번역했다. 전통적 유다 주석과 그리스도교 주석은 인간의 말이 하느님 말씀을 제대로 표현할 만큼 충분히 순수하지 않다는 깊은 자각에서 출발한다. 인간의 말은 언제나 우리의 죄스러운 인성에 몹시 더럽혀져 있다는 것이다. 우리의 지성과 마음이 정화되지 않는다면 하느님이 계시하시는 바를 진정으로 이해할 수 없다. 이사야는 부르심을 받을 때 그러한 사실을 배웠다.

> 나는 말하였다. "큰일났구나. 나는 이제 망했다. 나는 **입술이 더러운** 사람이다. **입술이 더러운** 백성 가운데 살면서 임금이신 만군의 주님을 내 눈으로 뵙다니!" 그러자 사랍들 가운데 하나가 제단에서 타는 숯을 부집게로 집어 손에 들고 나에게 날아와, 그것을 **내 입에 대고** 말하였다. "자, **이것이 너의 입술에 닿았으니 너의 죄는 없어지고 너의 죄악은 사라졌다**"(이사 6,5-7).

영감을 받은 말씀에 오류가 없음을 증명하는 일은 문학 장르나 문화적 맥락에 인간 저자의 원래 의도를 해석하고, 전승 과정에서 본문에 들어간 오류나 오해를 지적하는 것 이상의 의미가 있다.

성경의 진리가 영감의 가장 중요한 결과라 할 수 있다면, 그러한 진리는 독립된 구절들에 포함된 유한한 물리적 존재나 사건에 적용되는 명제 진리들의 정확성을 뜻하지 않는다. 많은 문장이 맥락과 상관없이 선택되고 인용되므로, 그 내용이 정말 참인지 합당한 의문을 가질 수 있다. 그리고 성경 본문을 이런 식으로 읽으면 부조리한 결론에 이를 수 있다. 예를 들어 다음과 같은 경우들이다.

성경에서 하느님은 물리적 존재로 묘사된다: "그들은 **주 하느님**께서 저녁 산들바람 속에 동산을 거니시는 소리를 들었다"(창세 3,8).

하느님이 아이를 제물로 바치게 하신다: "그분께서 말씀하셨다. '너의 아들, 네가 사랑하는 외아들 이사악을 데리고 모리야 땅으로 가

거라. 그곳, 내가 너에게 일러 주는 산에서 **그를 나에게 번제물로 바쳐라**"(창세 22,2).

하느님이 악을 창조하신다: "나는 빛을 만드는 이요 어둠을 창조하는 이다. 나는 행복을 주는 이요 **불행을 일으키는 이**다. 나 주님이 이 모든 것을 이룬다"(이사 45,7).

하느님이 미움으로 행동하신다: "**너를 저주하는 자에게는 내가 저주를 내리겠다**"(창세 12,3).

하느님이 학살을 명하신다: "너희는 주 너희 하느님께서 너희에게 넘겨주시는 모든 민족들을 없애 버려라. 너희는 그들을 동정해서는 안 된다"(신명 7,16).

교황청 성서위원회의 2013년 문서는 난해한 구절들을 훨씬 더 많이 선별했지만 가능한 예시 목록은 여전히 제한적이다. 그러한 항목들은 '정경적 해석'이라는 맥락에서 이해되어야 한다. 이제 우리는 바로 이 정경 문제를 다룰 것이다.

3. 성경 정경

3.1. 루카-사도행전에서 영감은 정경성과 연결된다

그리스어로 카논*canon*은 '기준' 또는 '측정 도구'라는 뜻이다. 단어와 개념 모두 바오로의 서간에 나오는데, 행동의 규범 또는 행위의 제한을 뜻한다(2코린 10,13.15.16; 갈라 6,16에서는 할례에 관한 교의적 기준을 뜻한다). 성경이나 초기 그리스도인들의 글에서 '카논'은 정경 목록을 뜻하지 않았다. 하지만 그리스도교에서 '거룩한 책들'이라는 개념(비록 최종 목록이라는 뜻은 아니지만)이 유다 유산의 일부로 처음부터 존재했다.

예수에 관해 배우고 그분을 믿었던 최초의 이방인 그리스도인들은 유다교로 개종할 필요는 없었지만, 예수가 "성경 말씀대로"(1코린 15,3-4) 살고, 가르치고, 죽고, 부활하셨다는 사실을 통해 유다교의 영감을 받은 성경을 알고 있었다. 히브리어를 사용하지 않는 이들은 그리스어 번역본인 칠십인역을 통해 성경을 접했다. 칠십인역은 유다교 정경에 포함된 것보다 좀 더 많은 본문의 모음이었다. 하지만 칠십인역의 모든 책은 유다적 배경을 가졌다. 그중 일부가 처음부터 그리스어로 쓰였음에도 그러했다. 예수의 가르침과 메시지는 '성경 말씀의 성취'(마르 12,10; 14,49; 마태 5,17; 루카 24,44 참조)에 강조점을 두었다. 예수는 성경을 "율법과 예언서"(마태 7,12; 22,40; 루카 16,16)라 불렀다. '성경Scriptures'이라는 말은 그리스도교 저술들에 아주 일찍부터 자주 언급되지만, 처음 두 세기 동안에는 명확하게 정해진 책들의 목록을 가리키지는 않았다.

그래서 초대 교회에서 예수의 죽음과 묻힘과 부활 선포는 유다교의 거룩한 책들의 수용을 의미했고, 사도적 교회는 이를 하느님 말씀의 영원한 저장소로서 계시와 영감의 권위를 지닌 것으로 인정하였다. 그럼에도 마카베오 시대 이후의 유다교에서는 '예언의 중단'(1마카 9,27 참조)을 감지하게 되었고, '영감을 받은 경전'이 먼 과거에 있다고 의식하게 되었다. 이와 비슷한 분위기는 루카복음서에 나오는 예수의 말씀에서 확인할 수 있다. "율법과 예언자들의 시대는 요한까지다. 그 뒤로는 하느님 나라의 복음이 전해지고 있는데, 모두 이 나라에 들어 가려고 힘을 쓴다"(루카 16,16).

복음서와 함께 사도행전도 쓴 루카에 따르면, 예수의 제자들이 부활하신 그리스도와 그분의 말씀과 행적에 대한 믿음을 선포하기 시작했을 때, 그에 따른 구조가 드러났다.

> 그리고 그들에게 이르셨다. "**내가 전에 너희와 함께 있을 때에 말한** 것처럼, 나에 관하여 **모세의 율법과 예언서와 시편**에 기록된 모든 것이 다 이루어져야 한다." 그때에 예수님께서는 그들의 마음을 여시어 **성경을 깨닫게** 해 주셨다(루카 24,44-45).

사실 초대 교회는 자신의 가르침을 설명할 때 두 가지 자료를 기반으로 논증했다. 하나는 유다교의 성경, 그리고 다른 하나는 주님의 전승, 곧 성령을 통해 주어진 이해에 따라 예수의 제자들이 전달한 주님의 말씀과 행적이다. 루카가 묘사한 교회의 시작에서 '영감'은 하느님 말씀이 살아 있으며 지속적으로 전해짐을 가능하게 한다. 그리고 그 말씀은 '율법과 예언서'라 불리는 저술들을 통해 전해지고, 육화한 성자의 말씀과 행적(루카복음)을 통해 실현되며, 부활하신 예수에 대한 믿음으로 깨우치게 된 사도들의 설교(사도행전)를 통해 다시 선포된다. 이런 식으로 루카는 영감과 정경이 어떻게 연결되는지에 대한 가장 오래된 기록을 제공한다. '성령'은 우리가 "계시에서 영감으로, 그리고 마침내 정경으로" 이어지는 과정 전체 속에서 끊임없이 현존하시는 분으로 묘사된다. 루카는 신학적으로 중요한 본문들을 통해 성령의 능동적 현존을 강조한다.

(1) 예수의 어린 시절 이야기는 성경 말씀을 실현하기 위해 성령의 이끄심 아래 일어난다(루카 1,15.17.35.41.47.67.80; 2,25-27).

(2) 성령이 예수의 공생활을 인도한다(루카 3,16.22; 4,1.14-21).

(3) 성령에 의해 사도들의 보편적 사명이 시작된다(사도 1,5.8.16; 2,4-33).

(4) 루카복음의 머리말과 사도행전의 첫 구절들을 비교할 때, 우리는 저자가 예수의 행적과 말씀에 대해 남긴 글을 자신의 첫 번째 작품으로 여긴다는 것을 알 수 있다(사도 1,1). 그리고 이 작업은 예수가 선택한 사도들이 성령의 능력으로 예루살렘에서 "땅끝에 이르기까지"(사도 1,8; 13,47; 참조 이사 48,20) 같은 메시지를 전하도록 이어진 후속 기록으로 계속된다.

루카는 신약성경과 구약성경(구약성경은 그가 복음서를 쓰기 전에 쓰였고, 신약성경은 처음에는 구전으로 전달되었다) 사이에 시간적 차이가 있음을 분명히 알았고, 또한 옛 계약에서 새 계약으로 이어지는 성취의 연속성을 염두에 두었다. 이제 기록으로 남은 구약성경(그리스어로 *biblia*)은 예수의 행적과 말씀을 통해 성취되고, 그 후 사도들의 구두 설교를 통해 전해지고 마침내 문서로 보존된다. 루카의 본문은 이 모델을 네 가지 움직임(단계)으로 제시하며, 이 움직임들이 서로 연결된 그의 두 작품의 구조가 된다.

(1) '이사야'의 예언(루카 4,17-18 참조)이 그의 책*biblion*을 통해 전달

된다.

(2) '예수'가 이 책을 소리내어 읽고 이사야의 말씀이 이루어졌다고 선언한다(루카 4,19 참조).

(3) 사도들은 온 세상에 그분의 말씀과 행적을 구두로 선포한다(사도 1,8 참조).

(4) 이 말씀이 목격 증인들과 말씀의 일꾼들에 의해 문서로 기록된다(루카 1,2; 사도 1,1-2 참조).

루카-사도행전의 이러한 구조는 성령을 통한 말씀의 육화(루카 1,35)에서 시작하여 재정비된 열두 사도에게 성령이 내리는 이야기(사도 2,4)까지 이어지는 하나의 신학적 주제로 연결된다. 그 결과 '같은 성령'이 예수의 탄생, 그분의 공생활, 그리고 사도들의 선교 여정을 모두 결정짓는 근원이 된다. 나자렛 회당에서 예수가 한 첫 설교(루카 4,18)부터 제자들에게 표현의 능력(사도 2,4)을 준 "높은 데에서 오는" 약속의 실현(루카 24,49; 사도 1,8)인 성령강림까지, 성령에 대한 언급은 루카의 두 작품을 가득 채우며 신학적 연속성을 보증한다. 그리고 이것은 그의 작품에서 가장 의미심장한 신학적 기여 가운데 하나이다. 루카는 복음서라는 문학 장르를 하나의 틀로 제시한다. 그는 복음서를 예수가 복음 선포를 시작할 때부터 했던 "행적과 가르침"(사도 1,1)의 서술로 보고 그것을 예수의 사목이라는 하나의 종합적 비전 안에 통합시킨다. 더욱 의미심장한 것은 루카의 두 작품이 신약성경 정경을 미리 엿보게 한다는 점이다.

3.2. 신약성경의 다른 초기 정경 형태들

3.2.1. 마르키온에 맞선 루카

최근 수년간 마르키온이 루카보다 앞선다는 주장이 제기되어 왔다. 그의 〈복음서*Euaggelion*〉(루카복음의 초기 판본 또는 심하게 편집된 루카복음)와 〈사도서*Apostolikon*〉가 가장 오래된 그리스도교 성경이라는 주장이 제기되었고, 심지어 마르키온 성경의 '비평판'을 만들려는 시도도 있었다. 그리스도교 정경의 창시자로서 마르키온의 재발견은 그를 초대 그리스도교 역사의 영웅으로 되살리려는 아돌프 폰 하르낙Adolf von Harnack의 노력과 함께 시작되었다.[44] 한스 폰 캄펜하우젠Hans von Campenhausen은 마르키온이 '그리스도교 성경'을 창조했다고 보았던 첫 번째 사람이었다.[45] 이러한 노력들은 네 복음서 정경이 '복음서 정경'이라는 마르키온의 선구적 입장에 대한 반발로 만들어졌다는 주장과 병행한다. 그의 〈복음서〉는 예수의 생애와 가르침을 담은 최초이자 정통성을 갖춘 유일한 작품으로 여겨졌다. 동시에 테르툴리아누스는 편견을 가지고 역사를 날조했다는 비난을 받았다. 그는 사실과 허구를 섞어 마르키온에게 왜곡된 이미지를 씌어 그를 엄청난 이단자로 만들었다. 하지만 마르키온의 명예 회복은 잘못된 전제하에 이루어졌다. 이에 대한 논증은 다음과 같다.

첫째, '예언자와 사도'를 잇는 구약성경과 신양성경의 일체성에 관한 초기 그리스도교의 가르침은 마르키온보다 훨씬 앞선 시기에 존재했다. 복음서가 기록되기 이전에 바오로의 친저 서간에 이미 그 가르침이 나온다. 사도 바오로의 서간들에서는 구약성경의 말씀과 예수에 대한 언급으로 가득 차 있으며, 예수의 첫 제자들은 바오로에게 본보기가 되었다.

둘째, 바오로의 사도적 지위와 권위는 그가 한때 박해했지만(1코린 15,9; 필리 3,6 참조), 나중에는 합류하여 끝까지 충실한 팔레스티나 그리스도교 운동과 연결되어 있었다는 사실을 전제한다. 바오로가 모세 율법과 관련하여 초대 그리스도교 공동체들과 여러 차례 논쟁을 벌였더라도 그는 케파를 비롯하여 자신보다 "먼저 사도가 된"(갈라 1,17) 이들의 정통성을 철저히 존중했다. 바오로는 자기가 쓴 편지의 제목과 메시지(1코린 9,2; 로마 1,5; 1코린 15,9 참조)에서 베드로와 열두 사도를 언급하며(1코린 15,5), 자신의 '사도직'을 그들의 사도직과 비교한다(갈라 2,8). 바오로가 예수님의 유일한 정통 제자였다는 마르키온의 주장은 이러한 자료들과 어긋나며 마르키온이 꾸며 낸 것이다.

셋째, 그리스도교 메시지의 '사도적' 성격은 마르키온의 〈사도서〉라는 제목만이 아니라 가장 오래된 복음서 본문들에 나오는 베드로와 열두 사도의 역할에도 표현되어 있다. 그리고 이것은 마르키온과 그를 반대하는 이들(특히 로마 교회)이 공유했던 전제이다. 해리 갬블 Harry Gamble이 보여 주었듯이 마르키온의 중심 주장은 확정된 정경 목록이 아니라 바오로에게만 사도성이 있다는 것이었다.[46] 마르키온은 그릇된 전제하에 자신이 인정한 정경의 두 부분을 연결했다. 그는 자신의 〈복음서〉가 바오로에게서 내려온 복음서라고 믿었고, 반면 교회 안에서 통용되던 다른 복음서들(가장 중요하게는 마태오복음과 마르코복음)은 예수와 그분의 메시지를 배반한 베드로와 열두 사도를 지지했다고 믿었던 것이다. 하지만 이러한 생각은 마르키온 자신의 〈복음서〉와도 모순을 일으킨다.

교회의 신약성경 정경은 루카의 비전을 이어 가고 완성한다. 루카는 구약성경의 예언적 성격과 신약성경의 사도성을 모두 인정함으로써 그리스도 신학의 미래가 구약성경과 신약성경의 일체성에 뿌리를 두게 한다.

3.2.2. 사도 서간 모음을 끝맺기 위해 사용된 차명 서간

대부분의 학자들은 바오로가 사목 서간(티모테오1·2서와 티토서)과 베드로 2서를 쓰지 않았다고 본다. 이는 사실일 수 있다. 그렇다고 이름을 빌리거나 공동 저자에 이름을 넣은 것이 속이기 위함이라고 볼 필요는 없다. 오히려 이 사목 서간 세 편이 열 편의 서간이 포함된 바오로의 첫 번째 서간 모음에 추가되고, 베드로 2서를 베드로 1서와 연결 지은 것은 사도 서간의 정경 설정에 더 속도를 내기 위한 의도적 행위로 보인다.

전통적으로 2티모 3,16과 2베드 1,21은 성경의 영감에 관한 가장 중요한 구절로 간주되었다. 이는 루카복음과 사도행전에서 보았던 것과 같은 관점을 반영한다. 또 다른 구절인 2베드 3,2도 똑같이 중요한데, 구약성경과 신약성경을 '예언자와 사도'의 기록으로 보고 그들 사이에 그리스도를 두기 때문이다.

> 예언자들이 이미 예언한 말씀과 주님이시며 구원자이신 분께서 여러분의 사도들을 통하여 내리신 계명을 기억하십시오(2베드 3,2).

베드로가 이 구절을 썼다고 전해지지만, 베드로 2서는 '바오로의 저술 모음'에 관해 언급하며 그것을 '성경'이라고 부른다.

> 그리고 우리 주님께서 참고 기다리시는 것을 구원의 기회로 생각하십시오. 이는 우리가 사랑하는 바오로 형제가 하느님에게서 받은 지혜에 따라 여러분에게 써 보낸 바와 같습니다. 사실 그는 모든 편지에서 이러한 것들을 이야기합니다. 그 가운데에는 더러 알아듣기 어려운 것들이 있는데, 무식하고 믿음이 확고하지 못한 자들은 다른 성경 구절들을 곡해하듯이 그것들도 곡해하여 스스로 멸망을 불러옵니다(2베드 3,15-16).

보통 2세기 초에 쓰인 것으로 여겨지는 이 구절은 정경과 사도성을 연결하며 베드로 2서의 첫 독자들이 바오로의 서간들을 두고 같은 생각을 하리라 전제한다. 이보다 이른 그리스도교 저술들에서 '성경'은 구약성경을 의미한다. 하지만 여기에서는 바오로의 서간집을 포함하도록 의미가 확장된다.

또한 베드로 2서는 의도적으로 베드로 1서를 언급하면서, 사도 베드로가 자신의 수신자들에게 "두 번째" 편지를 쓴다는 점을 강조한다(2베드 3,1). 이 편지를 받는 이들의 신원은 소아시아의 다섯 지역을 열거하는 1베드 1,1에서 이미 분명히 드러난다. 베드로는 아마도

'두' 편지 '모두'에서 이 지역 신자들에게 편지를 쓴 것으로 보인다. 더 나아가 베드로 2서 서두에서 저자는 자신에게 죽음이 가까이 왔다는 계시를 받은 뒤에 이 두 번째 편지를 썼음을 언급한다.

> 내가 이 천막에 머물러 있는 동안 여러분의 기억을 일깨우는 것이 마땅하다고 생각합니다. 우리 주 예수 그리스도께서도 나에게 밝혀 주셨듯이, 내가 이 천막에서 벗어날 때가 다가왔다는 것을 알고 있기 때문입니다(2베드 1,13-14).

마지막으로 베드로라고 여겨지는 저자는 주님의 변모 사건을 일종의 '신비적 체험'으로 묘사한다. 이는 코린토 2서(11,16-12,5)와 유사하게 베드로와 바오로 사이의 평행 구도를 강화하는 역할을 한다. 이러한 언급은 두 사도의 저작이 서로, 그리고 예언서(구약성경)와 연속성 속에서 읽혀야 함을 촉구하는 의미를 지닌다.

> 사실 우리가 여러분에게 우리 주 예수 그리스도의 권능과 재림을 알려 줄 때, 교묘하게 꾸며 낸 신화를 따라 한 것이 아닙니다. 그분의 위대함을 목격한 자로서 그리한 것입니다. 그분은 정녕 하느님 아버지에게서 영예와 영광을 받으셨습니다. 존귀한 영광의 하느님에게서, "이는 내 아들, 내가 사랑하는 이, 내 마음에 드는 이다" 하는 소리가 그분께 들려왔을 때의 일입니다. 우리도 그 거룩한 산에 그분과 함께 있으면서, 하늘에서 들려온 그 소리를 들었습니다. 이로써 우리에게는 예언자들의 말씀이 더욱 확실해졌습니다(2베드 1,16-19).

여기에 나온 구약성경 예언자들과 주님의 거룩한 변모 사건에 대한 언급은 베드로 2서가 '예언자들과 사도들'의 글뿐만 아니라 복음서(주님의 말씀과 행적)에도 뿌리를 둔다고 보게 한다. 변모 사건은 모든 공관복음서에 나오기 때문에 매우 적절한 선택으로 보인다. 2베드 1,18에서 "우리"("그 거룩한 산"에 예수와 함께 있었던 이들)는 열두 제자, 곧 성부에게서 오는 신적 계시를 목격할 특권을 받은 최초 사도 공동체(또는 적어도 베드로와 제베데오의 두 아들)를 의미한다.

사목 서간에서도 이와 같이 바오로 서간들을 마무리하는 정경적 기능이 감지되는데, 특히 티모테오 2서에서 가장 잘 드러난다. 이 서간은 (1) 사도의 다가오는 죽음을 예견(2티모 4,6-8)하고 (2) "성경"에 계속 의지하며(2티모 3,15-17) 전해 받은 예언적·사도적 가르침을 굳건히 지키라고 촉구(1티모 1,18)하고 (3) "선포자와 사도 … 교사"(1티모 2,7; 2티모 1,11)인 바오로에게서 받은 전통에 인내하며 충실하라고 요구하는 동시에 교의적으로 벗어나는 일이 없도록 경고한다.

따라서 베드로 2서와 사목 서간과 같은 차명 저작은, 저자들이 곧 죽음을 맞이할 것이라는 설정을 통해 더 이상 편지를 기대할 수 없다는 것을 분명히 한다.

3.2.3. 2세기 초 원정경 '예언서와 사도 문서'

2세기 초부터 하느님 말씀을 세 부분으로 나누는 일은 그리스도교 어디에서나 일반적이었다. 2세기 전반부의 '사도 교부들'은 '성경'을

'예언자들과 사도들'의 저작으로 빈번하게, 그리고 규칙적으로 인용하며, 이를 통해 그리스도교의 가르침을 옹호하고 선포했다. 이 성경 말씀은 예수의 제자들을 통해 예수에게서 받은 가르침과 긴밀히 연결되어 읽히고 해석되었는데, 이 제자들은 전 세계적으로 "사도들"이라고 불렸다. 사도들이 개별적으로 언급되는 일은 드물었다. 가장 자주 등장한 인물은 베드로와 바오로였고 가끔 요한이 언급되었다.[47] 사도 이후 시대sub-apostolic 초기에는 아시아에 위치한 히에라폴리스의 주교 파피아스를 주목할 만하다. 그의 방대한 단편들을 어떻게 해석해야 하는지에 대해서는 논쟁이 있지만, 그는 분명 사도 마태오와 베드로, 그리고 베드로의 제자인 마르코 복음사가를 언급한다. 그리고 묵시록과 요한계 전승도 알고 있음을 드러낸다.

2세기 말이 되면, 신구약 성경의 일체성에 대한 자각이 한층 뚜렷해진다. 예를 들어, 테르툴리아누스는 (모세를 포함한) 예언자들과 예수의 사도들 사이에 분명한 유사성이 있다고 보았다. 그의 간결한 라틴어 본문은 수 세기 동안 서방 교회의 신학 언어를 규정했다.

> 모세가 사도이듯이 사도들도 예언자입니다. 두 직무의 기원이 사도들과 예언자들의 동일한 주님에게서 왔기 때문입니다[〈마르키온 논박 *contra marcionem*〉 IV, 24, 8-9 (CCL I, 609)].

이 문맥에 쓰인 "사도"라는 용어는 '역사화'의 산물이나 전설의 산물이 아니다. 오히려 그것은 다양한 저자가 단순화한 역사적 개념들에 바탕을 두었고, 계시와 그 전달을 설명하기 위해 사용된 가장 오래된 그리스도교 용어 가운데 하나로서 여전히 유효하다. '사도성'이라는 개념을 가장 분명히 보여 주는 가장 강력한 본문 증거는, ('사도'라는 용어의 사용 없이) "나를 받아들이는 이는 나를 보내신 분을 받아들이는 사람이다" 하신 예수의 말씀이다. 이 구절은 공관복음 전통에서 거의 '철자 하나 바꾸지 않고' 되풀이 된다(마태 10,40; 마르 9,37; 루카 9,48). 이 구절은 요한복음에 나오는 '연쇄 파견'과 다르지 않다. 성부가 성자를 파견하였고, 성자가 제자들을 파견하였으며(요한 20,21 참조), 성자가 부활하자 성부는 성령을 파견하였다는 것이다(요한 15,6; 16,7 참조). 이러한 사실들은 아주 일찍부터 '사도성'이 그리스도교 정통성의 주요 기준이었다는 결론으로 이끈다. 사도성은 신약성경의 정경화 과정에서 고려된 다른 모든 형식적 기준보다 앞서 존재한, 정경 개념의 근본적이며 기초적 전제였다.

3.3. 네 복음서 정경의 기원

3.3.1. 파피아스, 폴리카르포, 순교자 유스티누스, 그리고 디아테사론

2세기 전반기에 다양한 복음서가 나타났고 이는 금세 교회에 중대한 문제가 되었다.

마르키온과 동시대 사람인 파피아스는 콜로새서(4,13)에서 언급되는 프리기아(소아시아)에 있는 히에라폴리스의 주교였다. 그의 저술 가운데 단편들만이 에우세비우스를 통해 남아 있다. 파피아스는 교회가 여러 복음서를 사용한다는 것을 알았고, 그 가운데 마태오복음과 마르코복음을 안다고 분명히 밝힌다. 또한 그는 자신이 전한 복음 전승이 “옛 원로”, 즉 이전 세대의 교회의 인물로부터 자신에게 전해졌다고 진술한다.[48] 파피아스는 자신이 접한 자료는 히브리어로 쓰인 마태오복음서로, 그리스어로 번역해야 했다고 말한다. 그 결과 번역본에서 생겨나는 여러 차이는 그리스어 본문의 신뢰성에 대한 의문을 자아냈고, 그래서 마르코복음이 더 많은 관심을 받았다고 추정한다. 또한 파피아스는 마르코복음이 짧은 분량 때문에 비판을 받았다고 진술하지만 그는 마르코복음을 옹호한다. 마르코가 헤르메네우테 *hermeneute*(통역 또는 해설가)로서 베드로를 따라다녔기에 사도 베드로의 구두 설교를 복음서가 충실히 반영하기 때문이라는 것이다.

파피아스가 제공한 정보들을 그의 창작물로 평가절하할 수는 없다. 그것들이 더 오래된 자료, 곧 어떤 학자들은 사도 요한과 동일시하는 “원로”에게서 왔기 때문이다. 에우세비우스는 파피아스가 글로 적힌 자료보다 구전 전승을 개인적으로 더 선호했다는 점을 지적한다. 파피아스의 이러한 입장은 복음서의 수가 증가하던 시대적 상황의 산물이다. 이런 맥락에서 구약성경의 유산을 제거하고 베드로와 열두 사도의 권위를 깎아내리려던 마르키온은 동시대 인물들(로마의 클레멘스, 안티오키아의 이그나티우스, 또는 유스티누스와 그의 제자 타티아누스)의 생각에 반대했던 혁명가였다.

순교자 유스티누스는 가장 열렬히 마르키온에 반대했던 이였다. 어쩌면 그는 로마에서 마르키온을 직접 만났을 수도 있다. 그가 마르키온에 반대하는 논고를 쓴 것이 분명하지만 아쉽게도 그 작품은 전해지지 않는다. 유스티누스는 공관복음서를 알았고 복음서 각각을 인용한다. 또한 2세기 전반기에 성찬례 예식 중 신구약 성경을 함께 사용했다는 사실을 담은 가장 오래된 그리스도교 자료를 제공한다. 〈호교론*First Apology*〉(67.3)에서 그는 이러한 예식에서 그리스도교인들이 관습적으로 "예언자들"의 글을 읽고 소위 사도들의 "회상록" 또는 "기억록"을 읽었다고 증언한다. 이는 마르키온이 로마에 도착하기 전부터 존재했던 교회의 관습임이 분명하다. 또한 유스티누스는 '여러' 작품을 염두에 두고 "복음서"라는 단어를 복수형(*euanggelia*)으로 사용한 가장 오래된 증인으로 알려져 있다(〈트리포와의 대화*Dialogue with Trypho*〉 103.9). 비록 조금 초기 형태였을 수는 있지만 그가 마태오, 마르코, 루카복음을 알고 있었음이 분명하다. 일부 학자들은 그가 '통합 복음서', 또는 공관복음서의 발췌본을 사용했다고 믿는다. 하지만 그것을 증명할 구체적인 증거는 없다. 유스티누스가 인용을 할 때 종종 여러 복음서를 섞는 경향이 있었다고 말할 수 있는 것이 전부다. 사실 그러한 경향은 2세기 초기에 구전 전승과 글로 적힌 자료를 혼합하여 사용하는 당시 관습을 반영했을 수 있다. 어쩌면 '사도의 기억'에 대한 내용이 여전히 유동적이었고, 그것이 문학적 저작 형태로 새롭게 전환되는 과정이 모든 곳에서 다 수용되지는 않았을 것이다.

유스티누스의 저명한 제자 타티아누스는 시리아 출신이었다. 그는 스승의 순교한 뒤 기원후 160년경 로마를 떠났다. 타티아누스는 네 복음서의 통합본을 만들어 복음서가 여럿이라는 문제에 대한 '해결책'을 제시했다. 그는 자신의 통합본을 〈디아테사론*Diatessaron*〉이라 불렀는데, 네 작품(곧 마태오, 마르코, 루카, 요한복음서)을 하나의 연속적 내러티브로 통합한 예수의 말씀과 행적의 단일 기록이었다. 이 작품은 타티아누스의 고향인 시리아에서 놀라운 성공을 거두었고, 교황과 황제의 압력으로 교회에서 사용할 수 없게 된 5세기까지 시리아에서 공식적으로 사용되었다. 이 작품의 단편이 남아 있는 것은 〈디아테사론〉을 바탕으로 설교를 했던 에프렘의 글 덕분이다.[49]

다수의 복음서가 존재하는 문제는 2세기 초 수십 년 동안 교회 전체에 알려져 있었다.[50] 파피아스와 순교자 유스티누스가 마태오, 마르코, 루카복음을 함께 사용했던 반면, 타티아누스와 마르키온은 다수의 복음서를 없애고 하나의 단일한 복음서를 사용하려 했다. 그러나 접근 방식은 서로 정반대였다. 타티아누스는 〈디아테사론〉에서 예수에 대한 완전한 증언은 반드시 다양한 자료에 바탕을 두어야 하지만, 정확히 네 가지 자료여야 하고 그 이상은 안 된다는 믿음을 분명히 드러냈다. 반면 마르키온은 복음서의 다수성을 과격하게 제거하고 이를 하나, 곧 루카복음서만으로 대체했다.

3.3.2. 영지주의 복음서와 외경 복음서

지금까지의 설명이 '복음서의 다수성'에 관한 전부가 아니다. 2세기 후반부터 점점 더 많은 복음서가 그리스도인들 사이에 유포되었고, 소위 '외경 복음서'라 불리는 문헌들도 늘어났다. 하지만 이들의 중요성을 과장해서는 안 된다. 이들 중 어느 것도 정경 복음서에 있는 공관복음서보다 더 일찍 작성되었다는 증거는 없으며, 요한복음서도 외경 복음서 범주에 속한다고 볼 수 없다. 여러 주장에도 불구하고, '토마스복음'이 2세기 후반보다 이른 시기로 소급될 수는 없다.

외경 복음서는 네 권의 정경 복음서와 문학적 특성이 다르다. 마태오, 마르코, 루카복음서, 그리고 심지어 요한복음서까지도 사도행전 1,1이 루카의 첫 번째 작품에 관해 언급한 내용에서 벗어나지 않는다. 이들은 모두 예수의 "행적과 말씀"에 관한 전승을 전달하기 때문이다. 하지만 토마스복음서는 주님의 어록에 지나지 않는다. 대부분의 다른 외경 복음서에는 예수의 수난과 탄생 이야기가 없다. 가장 중요하게는 외경 복음서들은 예수의 진정한 인간적 탄생과 죽음을 부정함으로써 영지주의적 경향을 드러낸다. 이는 외경 복음서 가운데 유일하게 1세기에 쓰였을 가능성이 있는 베드로복음서에도 해당한다.

3.3.3. 폴리카르포의 로마 여행과 네 복음서 정경의 탄생

2세기 중반에, 외경 복음서의 확산으로 이어진 '정경 위기'는 네 복음서를 정경으로 확정함으로써 2세기 말에 해소되었다. 이 사실은 이레네우스와 테르툴리아누스의 작품을 통해 잘 알려져 있다. 하지만 정확한 연대, 세부 절차, 그리고 그 결과의 평가에 대해서는 학자들 간에 이견이 있다. 여기에서 우리는 네 복음서를 정경으로 확정하게 된 과정을 재구성할 터인데, 약 185년에 쓰인 것으로 보이는 이레네우스의 〈이단 논박〉에 그 내용이 분명하게 나온다. 그러므로 어떤 일이 일어났는지는 제법 확실히 알 수 있고, 이는 신약성경 정경의 형성을 이해하는 데에 대단히 중요하다.

핵심 사건은 스미르나의 주교 폴리카르포가 교황 아니체토를 만나기 위해 떠난 역사적 여정이다. 이 여정은 찬란하면서도 비극적으로 끝이 났다. 그가 스미르나로 돌아온 직후 처형되었기 때문이다. 먼저 우리는 폴리카르포의 여정에 대한 역사적 배경을 살펴볼 필요가 있다.

기원후 150-153년경, 로마에는 다섯 명의 중요한 그리스도교 인사가 머물고 있었다. 이들이 머문 시기가 아마도 겹치기 때문에 적어도 이들 중 일부는 서로 직접 만났을 가능성이 높다. 아니체토 교황을 만나기 위해 폴리카르포가 로마에 도착했을 무렵, 마르키온은 여전히 로마의 그리스도인들과 관계를 유지하고 있었고 그들에게 심각한 영향을 미치는 위험한 가르침을 퍼뜨리고 있었다. 이 시기 발렌티누스라는 유명한 지식인이 알렉산드리아에서 로마로 막 이주해 왔으며, 후일 영지주의 가운데 발렌티누스 학파라 불리게 될 사상을 퍼뜨리고 있었다. 그는 여러 제자와 함께 폴리카르포보다 약간 먼저 로마에 도착했고, 로마 주교가 될 희망을 품고 설교와 강의 활동을 시작했으나 아니체토가 주교로 선출되었다. 영향력 있는 그리스도인들 가운데 다섯 번째는 순교자 유스티누스였다. 그는 순교하기 전(마르쿠스 아우렐리우스 치하 155-160년으로 추정된다) 로마에서 철학 학교를 운영했다. 어쩌면 여섯 번째 주요 인물인 이레네우스도 그곳에 있었을 수 있다. 그는 소아시아에서 보낸 어린 시절부터 폴리카르포와 친분을 맺었고, 폴리카르포가 도착했을 때 소아시아에서 갈리아로 이주한

이주민 공동체인 리옹 교회의 젊은 부제였다. 아마 이레네우스는 동방에서 온 다른 이들과 함께 제국 전역의 그리스도인들 사이에서 명망이 드높았던 지도자인 폴리카르포를 만나기 위해 로마를 방문했을 것이다.

다수의 복음서가 있다는 사실은 이들 사이에서 뜨거운 논쟁거리였다. 발렌티누스는 다양한 '복음서'를 받아들일 준비가 되어 있었다. 어떤 이들은 그가 (이레네우스가 분노에 찬 논평을 남긴) '진리의 복음서'를 저술했다고 의심하지만 그가 요한복음서, 특히 복음서 서문에 깊은 관심을 가졌다는 것은 분명하다. 요한복음서의 최초 주석가로 알려진 헤라클레온은 발렌티누스의 수행단 가운데 하나였다. 폴리카르포의 방문에는 특정한 목적이 있었는데, 서로 충돌하는 사도 전승에 관한 몇몇 논란을 로마 주교와 해결하려는 것이었다. 소아시아의 그리스도교인들은 소위 콰르토데치만*Quartodeciman*(곧, 니산달 14일에 주님의 만찬을 기념하는)이라는 사순절 관습에 충실했다. 이들은 사도 요한이 노년까지 에페소에 살았다는 아시아 전승을 언급하며 이러한 관습의 합법성을 주장했다. 요한복음서와 공관복음서에서 최후의 만찬 날짜가 일치하지 않는다는 사실은 콰르토데치만 전통과 공관복음을 따르는 로마 그리스도교 전통 사이에 서로 다른 전례 관습이 있었음을 반영한다. 로마 그리스도교는 베드로와 바오로에 그 기원을 두는 것으로 알려졌다. 폴리카르포가 로마를 여행했던 시기에 이러한 차이가 교회의 일치를 위협할 정도로 심각한 문제로 떠올랐다. 불행히도 폴리카르포와 아니체토가 이끄는 양측 모두에게 (부활절 날짜와도 연관된) '콰르토데치만 논쟁'은 양보할 수 없는 원칙 문제였으며, 각 교회 공동체의 사도적 정통성이 걸려 있었다.

카이사리아의 에우세비우스가 전하듯이 폴리카르포의 로마 체류와 그의 엄청난 권위는 아니체토에게 큰 도움이 되었다. 그의 설교가 많은 '이단들'(마르키온주의자와 발렌티누스의 추종자들)을 교황의 품 안으로 돌아오게 했기 때문이다. 이레네우스의 〈플로리누스에게 보낸 편지〉가 증언하듯,[51] 폴리카르포는 사도 시대와 생생하게 연결된 인물로 여겨졌다. 사람들은 폴리카르포가 젊은 시절에 개인적으로 사도 요한을 알았다고 믿었다. 게다가 아직 젊은 주교였을 때, 로마에 순교하러 가던 안티오키아의 이그나티우스가 보낸 유명한 편지 가운데 한 통을 받았다. 이런 사실이 여전히 사람들의 기억 속에 남아 있는 가운데, 여든 네 살의 스미르나 주교는 변함없는 사도적 현존의 표징이자 그리스도 사도들에 대한 살아 있는 증인으로 당시 그리스도교인들 가운데에 우뚝 서 있었다. 하지만 콰르토데치만 전통에 대한 로마의 지지를 받으려던 폴리카르포의 사명은 실패로 돌아갔다. 아니체토와 폴리카르포는 모두 자신의 사도적 전통을 버릴 수 없다고 선언했다. 아니체토는 로마 교회의 '창립자'로 여겨지며 공관복음서와 사도 서간들에 거룩하게 간직된 베드로와 바오로의 전통에 매여 있었다. 반면 폴리카르포는 "예수님 품에 기대어 앉아"(요한 13,23) 있던 제자 요한의 전통에 충실해야 했다. 둘 중 어느 쪽도 비판하거나 포기할 수 없었다. 폴리카르포와 아니체토의 회담은 교착 상태로 끝이 났지만 서로 우호적인 분위기 속에서 마무리되었다. 아니체토와 폴리카르포는 함께 성찬례를 거행하고, 이로써 교회의 일치는 보존되었다.

아시아로 돌아가고 얼마 지나지 않아 폴리카르포는 스미르나에서 화형을 당했다.[52] 콰르토데치만 논쟁은 반세기 동안 계속되었지만, 185년경 이레네우스의 〈이단 논박〉 제3권에는 교회의 네 가지 사도 복음서에 대한 합의된 의견이 기록되어 있다. 논쟁의 여지 없이 분명하게 요한복음을 받아들이고 마태오복음, 마르코복음, 루카복음과 함께 네 복음서로 인정한 것이다. 이레네우스가 쓴 이 문헌은 네 복음서에 관한 가장 오래된 '정경 선언'으로 평가되며, 이에 대한 올바른 해석은 매우 중요하다. 이 문헌은 또한 이 선언문이 아니체토와 폴리카르포의 역사적 만남에서 기원한다는 점을 보여 준다.

> 그러므로 마태오는 유다인들 사이에서 그들의 언어로 '복음서' 경전을 발간했고, 베드로와 바오로는 로마에서 복음을 전하고 교회를 세웠다. 그들이 떠난 뒤 베드로의 제자이자 통역가였던 마르코는 베드로가 선포했던 내용을 기록하여 우리에게 전달했다.
>
> 그런 뒤에 바오로의 제자였던 루카는, 바오로가 가르친 '복음'을 '책'으로 엮었다.
>
> 그러고 나서 주님의 제자로서 그분 가슴에 기대어 앉았던 요한이 아시아의 에페소에 머무는 동안 복음을 기록하였다.

한 본문 비평가는 〈이단 논박〉 제3권 제1장에 수록된 이 부분이 이레네우스의 작품이 아니라, 로마의 교회 문서 보관서에 있던 다른 문서를 그대로 옮긴 것이라고 생각한다.[53] 그 문서는 아마도 네 복음서를 정경으로 받아들인 공동 선언을 이끌어 낸 폴리카르포의 로마 방문이 거둔 놀라운 성과를 기록했을 것이다. 이 문서가 맥락에 맞지 않게 삽입되었다는 사실은 이러한 결론을 강력히 뒷받침한다.

맥락에 맞지 않는다는 사실은 이 부분 앞에 나오는 내용(제3권의 서문)과 그 뒤에 나오는 내용을 통해서도 알 수 있다. 서문에서 이레네우스는 자신의 첫 두 권의 범위를 넘어, 그곳에서 설명한 이단적 가르침들의 허위를 "성경을 근거로" 증명하려는 의도를 드러낸다. 그런 뒤에 이레네우스는 "사도 복음서"에 관해 이야기하기 시작한다. 여기에서 그는 이 표현을 '복음에 관한 사도들의 권위'에 근거한 사도의 가르침을 가리키는 포괄적인 용어로 처음 사용한다. 사도들은 복음의 메시지를 이해할 수 있는 성령의 은총을 받은 뒤에야 복음을 선포하기 시작했다. 이레네우스는 오순절 사건을 통해 사도 공동체가 사목을 준비하게 되었다고 봄으로써, '영감의 신학'의 출발점을 분명하게 밝힌다. 그 후에야 그들의 설교가 문자로 기록되기 시작한다. 바로 이 지점에서, 네 복음서에 관해 앞에서 인용한 내용이 느닷없이 등장해 글의 흐름이 잠시 끊어진다. 이 인용 다음에 이레네우스는 다시 성경을 삼위일체 하느님의 계시로 이해하는 신학적 주제로 되돌아간다. 그는 사도 설교가 성령의 권한 부여에 근원을 둔다고 하면서 계시와 영감 신학을 이어간다.

> 이들은 모두 율법과 예언서를 통해 알려진대로 한 분이신 하느님, 하늘과 땅의 창조주가 계시고 한 분이신 그리스도, 하느님의 성자가 계심을 우리에게 천명했다. 이러한 진리에 동의하지 않는 이는 주님의 동료들을 멸시하는 것이다. 아니, 더 나아가 주님이신 그리스도 바로 그분을 모욕하는 것이다. 그렇다. 그런 이는 성부 또한 멸시하면서, 모

든 이단자들이 그러하듯 스스로 단죄를 받아 자신의 구원을 거부하고 반대하고 있다(《이단 논박》 제3권. 2).

이 구절 다음에 이레네우스는 "사도들의 복음서"(《이단 논박》 제3권. 4.9; 이 표현은 유스티누스가 사용한 "사도들의 회고록"이라는 표현을 비슷하게 따라한다)를 옹호함으로써 반마르키온주의이자 반발렌티누스주의인 자신의 전통적 입장을 따른다. 하지만 이레네우스는 여기에서 "사도들"을 집단적 의미로 사용한다. 현존하는 이레네우스의 그리스어 단편들의 원문은 이레네우스가 "그 복음서들"과 "그 사도들"을 모두 복수형으로, 그리고 정관사와 함께 사용하고 있음을 알 수 있다. 여기에서 "그 사도들"은 사도행전에 나온대로 유다를 대체하는 마티아를 포함한 열두 제자를 뜻한다(사도 1,16-26).

이제 우리는 앞에서 인용된 네 문장이 왜 독특해 보이는지를 분명히 알 수 있다. "사도"라는 단어를 사용하지 않은 채 "사도들"에 관한 포괄적 메시지를 다루던 이레네우스가 갑자기 수많은 고유명사를 사용하면서 구체적인 내용을 언급하기 때문이다. 여기에서 그는 열한 개의 고유명사를 언급하는데, 그 가운데 여섯은 인명, 셋은 지명, 둘은 언어에 관한 것이다. 여섯 개의 인명은 마태오, 베드로, 마르코, 바오로, 루카, 요한이며 세 개의 지명은 지역 교회들, 곧 '유다인'(팔레스티나 지역)과 로마와 에페소 교회를 가리킨다. 그리고 히브리어(또는 아람어)를 그리스어로 번역했다고 이야기함으로써 두 언어가 언급된다. 하지만 이 부분이 추가된 내용이라는 증거는 단 하나의 단어, 대명사 헤민*hēmin*(노비스nobis, 곧 우리에게)으로 충분하다. 이 단어는 마르코복음에 관한 문장에 삽입되어 있는데, 이레네우스가 이 부분을 쓰지 않았다는 결정적 단서를 제공한다. 여기에서 베드로가 "떠난"(곧, 죽음) 뒤에 그가 로마에 전한 복음이 "우리를 위해" 글로 남겨졌다고 나오는데, 로마 공동체를 "우리"라고 부른 적이 없는 이레네우스가 이런 표현을 사용했을 리 없다. 그는 로마가 아니라 리옹 교회 소속이었기 때문이다.

마르코가 로마가 아닌 다른 곳에서 베드로의 사목을 도왔다는 이야기는 구두 전승으로나 저술로나 나온 적이 없다.[54] 그러므로 본문에 확고히 자리 잡은 "우리를 위해"라는 표현은 네 복음서의 사도적 기원에 관해 간결한 문체로 쓰인 이 네 문장이 로마에서 쓰였다는 증거가 된다. 이 단락은 네 복음서 정경의 사도적 기원을 구체적인 언어로 증언한다. 그러므로 이레네우스가 185년 〈이단 논박〉 제3권을 쓰기 전에 이미 쓰였음이 틀림없다. 아마도 이 단락은 2세기 중반 즈음 로마에서 처음 쓰였으며, '문자 그대로' 보존되다가 이레네우스가 그것을 네 '사도 복음서'를 차근차근 옹호하는 자신의 글에 삽입했다는 것이다.

폴리카르포와 아니체토의 만남을 이렇게 재구성하면 궁극적으로 신약성경 정경의 핵심이 어떻게 탄생했는지를 알게 된다. 그것은 진화하는 발전의 결과가 아니라 각각 자기 공동체의 사도적 전통을 대표하는 두 교회 지도자가 책임을 지고 내린 결단의 열매였다. 두 지도자는 자신의 사도적 기원에 충성을 다할 뿐만 아니라, 마르키온과 발렌티누스 모두와 싸우려는 결연한 의지를 보이고자 이러한 결단을 내렸다. 앞에서 살펴보았듯이 마르키온은 단일 복음서 정경을 사용하자고 압력을 가하고 있었고, 발렌티누스는 다양한 기원과 내력을 지닌 복음서를 사실상 제한 없이 받아들일 준비가 되어 있었다. 하지만 로마 교회와 소아시아의 지역 교회가 네 권의 사도 복음서를 받아들임으로써 2세기의 가장 중요한 결정이 내려졌다. 앞으로의 교회 역사에서 무엇이 신약성경 정경인지가 정해진 것이다.

이레네우스의 네 복음서 선언은 한동안 조롱을 당했다. 네 방향에서 부는 바람과 하늘의 네 구역에 관해 추리를 하듯이 멋대로 네 복음서를 정경으로 지정했기 때문이다(제3권, 11). 우리가 이레네우스의 선언을 어떻게 바라보든, 이레네우스에게 복음서 정경의 구성 원칙은 사도성이었다. 이레네우스의 글이 대단히 중요한 이유는 그가 단지 마태오, 마르코, 루카, 요한의 이름을 언급하는 데 그치지 않고, 각 정경 복음서를 마태오나 베드로, 바오로, 요한과 같이 사도적 위상과 카리스마를 지닌 인물과 연관 짓기 때문이다. 정경의 역사를 살펴보면 이러한 전승의 역사적 정확성에 관해 질문을 던지는 것이 전혀 이상하지 않다. 하지만 동시에 2세기 중반에 정경 복음서가 열두 제자에 속했던 세 사람(마태오, 베드로, 요한), 그리고 바오로와 연결된 네 번째 사람에게서 비롯되었다는 사실도 똑같이 중요하다. 바오로의 사도성에 관한 생각과 주장은 그의 친저 서간들에 잘 기록되어 있다.

3.4. 사도 서간

2세기 초반 수십 년 동안, 신앙 문제에서 결정적 권위자로서 사도들을 언급하는 것은 여전히 매우 일반적이었다. 신약성경에서 알 수 있듯이 사도는 그리스도의 이름으로, 또는 자기 자신의 이름으로 이야기할 수 있었다. 바오로는 "사실 나는 주님에게서 받은 것을 여러분에게도 전해 주었습니다"(1코린 11,23)라고 말할 수 있었고, "내가 주님의 명령을 받은 바가 없습니다. 그러나 주님의 자비를 입어 믿을 만한 사람이 된 자로서 의견을 내놓습니다"(1코린 7,25)라고 말할 수도 있었다. 하지만 가장 초기 교부들의 자료에서 '예언자들과 사도들'이라는 표현이 사용될 때, 기본적으로 하느님의 선택을 받았고 영감을 받은 계시를 전달할 수 있는 이들 가운데 두 부류가 있었음이 분명하다. 이러한 명명법에 따르면 구약성경의 저자들('거룩한 글의 작가')은 누구나 '예언자들'에 속한다. 그리고 '사도들'은 예수님을 직접 보고 그분 말씀을 직접 들어 그분의 '사절', 곧 권한을 받은 대리자 역할을 했던 증거자들이거나 그들과 매우 가까웠던 이들을 가리킨다.

'영감을 받은' 설교와 가르침에서 글쓰기로의 전환은 보통 사도 바오로를 통해 일어났다고 여겨지는데, 그는 자신이 세운 여러 교회 안에서 인격적으로 함께하고자personal presence 편지를 썼다. 루카는 이른바 "사도 공의회 서신"(사도 15,23-29)을 언급하는데, 이는 이방인들이 모세 율법에서 자유로울 수 있다는 결정을 모든 교회에 회람하기 위한 공문서였다. 훨씬 더 이전에는 '예레미야 서간'이 칠십인역에 포함되었다. '사도적', 또는 그와 유사한 '예언자직' 현존을 위한 이러한 도구들은 인격적 현존을 확장하기 위한 '사도적' 편지들이었고, 이런 형태의 소통은 전혀 새로운 것이 아니었다. 하지만 사도 바오로의 비교적 풍부한 서신 활동, 그의 편지를 모으려는 초기 노력(2베드 3,15 참조), 그리고 로마서나 코린토 1서와 같이 긴 편지들은, 예수가 선택하고 성령에 의해 그 직분에 세워진 이들의 인격적 현존(존재감)이 공간뿐 아니라 시간을 넘어 확장하는 수단으로 여겨지기 시작했다. 이러한 사도들의 서간은 그들의 목소리가 어디에나, 그리고 교회의 역사 전체에 걸쳐 울려 퍼지게 했다.

바오로 자신이 편지의 필사본을 보관했고, 그의 편지를 받은 지역 교회들도 그 편지들을 보관했다가 결국 다른 공동체와 나누어 보았다고 추측할 만한 충분한 근거가 있다. 일곱 개의 지역 교회에 보내진 편지들(로마서, 코린토 1·2서, 테살로니카 1·2서, 갈라티아서, 필리피서, 에페소서, 콜로새서)과 필레몬이라는 개인에게 보낸 편지를 포함한 열 편의 서한이 오늘날 가장 오래된 서간 모음으로 여겨진다.[55]

최초의 바오로 서간 모음집이 어떻게 생겨났는지는 여전히 불명확하다. 현재 네 가지 유형으로 설명하고 있다. (1) 첨가 과정을 주장하는 '눈덩이 이론' (2) 바오로 '르네상스' 이전에 바오로 서간이 사용되지 않았던 첫 시기에 생겨났다는 이론 (3) 개별 수집가나 편집가가 모았다는 이론 (4) 바오로의 유산을 보존했던 바오로의 제자들로 구성된 '바오로 학파'가 모았다는 이론이다.[56] '필레몬에게 보낸 서간'이 남아 전해진다는 사실이 흥미로운데, 이는 나머지 편지들과는 다른 경우가 있음을 말해 준다. 이 편지는 분명 바오로가 썼기에 그것의 보존은 설명이 필요하다. 열 편 중 넷(에페소서, 콜로새서, 필리피서, 필레몬서)은 저자가 옥중에서 썼다고 증언하는데, 이는 많은 연구가를 당혹하게 했다. 이 편지들이 같은 투옥 기간에 쓰였는지에 대해서는 의견이 일치하지 않는다. 바오로는 에페소와 카이사리아와 로마에서 오랜 기간 감옥에 있었다고 알려진다. 티토서와 티모테오 1·2서로 이루어진 소위 '사목 서간'은 바오로 서간의 첫 번째 모음에 속하지 않지만, 바오로가 로마에서 마지막으로 투옥된 동안 그의 제자 중 몇몇이 쓴 것일 수 있다. 사목 서간을 바오로가 직접 썼는지는 종종 의심을 받고 에페소서의 경우도 마찬가지다. 그보다 덜하기는 하지만 콜로새서도 의심을 받는다.

바오로 서간의 모음에 관한 연구는 정경 형성과 따로 진행되었다. 기원후 50년경 의심할 나위 없이 바오로가 쓴 편지인 갈라티아서 2장 9절은 흥미로운 단서를 제공한다. 이 구절은 베드로와 야고보, 요한으로 구성된 예루살렘 교회의 '지도자' 무리와 바오로를 한 폭의 그림에 넣는다. 바오로의 글은 이 장면의 배경을 설명하고 부적절한 상상을 하지 않도록 경고한다. 이 네 명의 사도 가운데 둘은 예수가 선택한 열두 제자에 속하고 한 명은 부활 후 예수의 가족 중 가장 중요한 지도자이다. 바오로는 교회의 "기둥"이 자신과 친교의 협약을 맺었다고 선언함으로써 자신을 사실상 이 무리의 일원으로 본다. 갈라 2,9은 적어도 바오로 서간을 읽었던 2세기 독자들에게 이 사람들이 사도 시대에 교회라는 건물을 지탱하는 네 개의 기둥으로 기능했다고 말해 준다. 여기에 야고보의 형제 유다를 덧붙이면, 이 네 명의 이름은 정경 내 사도 서간의 네 가지 기원과 정확히 대응한다.[57] 사도행전에도 비슷한 그림이 나타나는데, (갈라디아서가 기록되기 한참 전인) 기원후 44년 제베대오의 더 어린 아들인 야고보의 순교 이후에도 동일한 네 사람이 "기둥"으로 등장하는 것이다. 사도행전의 대부분은 베드로와 바오로의 후기 활동을 이야기한다. 그리고 요한에게 약간의 중요성을 부여한다. 베드로가 "다른 곳으로" 떠난 뒤에는 예루살렘 교회의 지도자로서 주님의 형제인 야고보가 중요해진다(사도 12,17 참조). 그러므로 바오로가 사도행전을 쓰지 않았음이 분명함에도, 갈라티아서가 "기둥"에 관해 말한 내용은 사도행전에서 누가 사도적 교회의 지도자였는지를 밝힌 내용과 일치한다. 그러므로 신약성경 사도서간의 저자들은 외경 서간들처럼 무작위로 선택된 인물들이 아니다. 비록 나중에 불분명해졌을 수는 있지만 그것은 역사적 전통과 연결되어 있다.

결국 신약성경 정경의 복음서나 사도 서간들은 역사적 우연이나 무작위로 선택된 사도적 인물에 대한 허구적 유래 추정으로 형성된 것이 아니다. 오히려 이들은 복음서와 서간이라는 두 세트의 '사도문헌들'을 의식적으로 정경화하는 과정을 통해 선택되었다. 둘 다 그 기원에서 사도적 권위를 지닌 것으로 간주되었다. 이미 이레네우스는 교회의 정경 복음을 "사도적"이라고 부르면서, 바오로 서간과 교회의 다른 "세 기둥"인 야고보와 베드로와 요한이 쓴 서간들, 그리고 '그들의 행적'을 기록한 사도행전 역시 사도적 전통에 속한다고 주장했다. 루카복음과 사도행전(2세기에 붙은 제목) 사이의 연관성과 요한묵시록이 '환시를 본 요한'이 '일곱 교회'에 보낸 일곱 편지로 시작한다는 사실을 고려하면, 완전히 역사적 동기에서 비롯된 것은 아니지만 의미심장한 패턴이 출현한다. 다수의 비평가들이 요한묵시록의 저자가 사도 요한이라는 전통적 견해에 동의하지 않지만, 이미 2세기 중반에 순교자 유스티누스(《트리포와의 대화》 84.2)가 이 책의 저자를 사도 요한으로 언급한 사실은 변하지 않는다. 후대에 요한묵시록의 정경성에 대한 논란은 신약성경 정경의 가장 초기 형태에 요한묵시록이 없었기 때문이 아니라, 천년왕국론자와 몬타누스주의 같은 이단 운동과의 논쟁 때문이었다. 이 두 운동은 요한묵시록으로 자기들의 교리를 증명하려고 했고, 그 결과 몇몇 교부들은 요한묵시록이 영감을 받았으며 사도적 기원을 가지고 있다는 사실을 부정했다.

3.5. 교회의 교의적 규범인 신약성경 정경

이제 두 가지 중요한 쟁점이 있다. 첫째는 신약성경을 구성하는 스물일곱 권의 목록을 실제로 작성하고 최종 확정하는 문제이고, 둘째는 그 목록이 교회에 의해 '그리스도인의 정체성'을 규정하는 규범적 기준으로 인정받는 과정과 관련된다.

첫 번째, 정경 형성 과정은 오랜 성찰과 성숙의 결과였다. 그 기원에는 열두 제자가 있고, 우리는 그들의 역사성을 결코 의심할 수 없다. 공관복음서와 요한복음서가 어떻게 "열두 제자"를 묘사하고, 바오로 서간과 사도행전이 어떻게 그들을 언급하는지 해석하는 문제를 두고 여전히 논란이 있을 수 있다. 묵시 21,14에서 열두 초석과 천상 예루살렘으로 향하는 문이라는 화려한 이미지를 통해 "어린양의 열두 사도"를 "열두 제자"로 보는 문제도 마찬가지다. 하지만 정경에서는 그런 것들이 사실로 기록되어 있다. 아포스톨로스(*apostolos*, 사도)라는 단어의 어원은 여전히 정확히 알 수 없고, 공관복음서에서 이 단어가 어떤 의미로 사용되었는지, 또 바오로가 자신의 '사도 지위'를 고집스럽게 주장할 때에 이 단어가 어떤 의미로 쓰였는지도 불분명하다. 하지만 아포스톨로스는 가장 오래된 '신학적 개념'으로 그리스도교의 첫 두 세기에 '정통과 이단'을 가리는 모든 논쟁에서 결정적으로 중요했다. 이레네우스와 오리게네스가 사용한 성서학 용어들은 이어지는 천 년 동안 신학적 논의를 지배했는데, 이들에게도 '사도성'은 핵심 개념이었다. 첫 복음서들의 저술 시기(60-80년)와 '네 복음서 정경'이 수용된 시기(140-160년경) 사이의 간격은 대략 100년이다. 그러므로 두 세대가 이 시기를 여전히 기억할 수 있었다. 2세기 말 전에 이미 사도에게서 기원했는지의 여부가 교의나 책의 정통성을 판단하는 주요 기준이었다는 사실에 이의를 제기하는 학자는 거의 없다. 기원후 200년경부터 네 복음서만을 포함한 파피루스 사본의 단편들이 남아 있다. 바오로 서간을 성경 선집으로 포함하는 코덱스(역자주: 파피루스나 양피지 등에 필사한 낱장을 묶은 고대의 서책)도 전해 내려온다. 2세기에서 3세기로 넘어가는 무렵에는 루카의 두 번째 작품을 첫 번째 작품(둘이 함께 편집된 적이 있다면)과 분리하여 사도행전이라 명명하고, 베드로·요한·야고보·유다의 편지와 함께 하나의 코덱스에 필사해 넣었다.

신약성경에서 요한묵시록만이 스스로를 "예언자"의 말씀(22,6.7.8.18.19)이라고 밝힌다. 그러므로 그 내용을 조금이라도 바꾸지 말라고 단호히 경고한다(묵시 22,18-19 참조). 이는 요한묵시록의 저자가 자신의 글을 거룩한 저술로 여겼다는 징표이다. 요한묵시록이 요한의 저작이라는 주장은 엄격한 의미에서 사도적 기원에 의존하지 않을 수 있다. 자신을 요한이라고 부르고 자신의 글이 영감을 받아 쓴 것이라고 선언하는 예언자적 인물이 제베대오의 아들이 아니라 2세대 그리스도교 "예언자"라면 말이다. 사목 서간과 히브리서, 그리고 베드로 2서와 요한 3서가 어떻게 다양한 정경 목록에 포함되거나 제외되었는지는 충분히 알려지지 않았다. 자료가 충분하지 않고 위서나 정경성, 영감에 관해 언급할 때 사용되는 어휘의 의미가 아직 고정되지 않았기 때문이다. 하지만 이러한 발전 과정 중에도 '사도성'은 교회가 정경 문제들을 해결하기 위해 사용한 일반적이고 결정적인 판단 기준이었다. 사목 서간은 바오로의 작품이라고 본문에 명시적으로 나와 있었고, 히브리서는 티모테오에 대한 소식을 전달함으로써 어느 정도 바오로의 손길이 닿았음을 은근히 드러냈다. 요한 2서와 3서를 사도 요한이 썼다는 주장은 정확하지 않을 수 있지만, 저자가 자신을 "원로"라고 부르는 점은 그가 사도 요한의 제자 집단 내 권위를 지닌 인물이었음을 시사한다.

성경 각 권이 정말 사도에게서 기원했는지는 각 권에 대한 비평서에서 개별적으로 다루어야 할 중요한 문제이다. 그러나 정경성 문제는 저자가 사도의 제자였다는 사실과는 별개로 형성된 전승에 근거한 것이며, 테르툴리아누스와 다른 교부들이 루카를 '사도적 인물'이라 부른 것과 같은 의미에서 이해될 수 있다. 물론 성경의 각 권이 오랜 기간 동안 쓰이고 수정되고 편집되는 과정을 거쳐 생겨난 결과이기에, 각각의 저자와 기원을 실제로 재구성하는 일은 개별적으로 다루어져야 한다.

3.6. 그리스도교 정경 속 구약성경의 위치와 역할

구약성경과 신약성경의 정경화 과정에서 유사점과 차이점에 관해 많은 것을 말할 수 있다. 고대로부터 둘 사이에는 분명한 구조적 유사성이 있었다. 율법(오경)은 복음서(네 복음서)와 비교되었고, 구약성경과 신약성경 속 계시와 영감 사이에 유사한 신학 체계도 있다. 이는 신약성경 정경이 구약성경 정경을 모방했음을 시사한다. 이들 사이의 신학적 차이들은 유사성을 크게 제한하지만, 동시에 신약성경에서나 구약성경에서나 하느님과 인간 사이의 유일한 중재자(1티모 2,5; 히브 8,6; 9,15; 12,24)는 한 분이심을 분명히 한다. 궁극적인 그리스도교의 신적 계시 개념은 '예언자-그리스도-사도'라는 체계이다. 그리고 이러한 체계는 '초역사적'이며 높이 들려 영광스러운 위격 안에 있는 부활한 그리스도를 중심으로, 그 곁에 두 부류의 '전달자'(예언자와 사도)라는 개념을 도입함으로써 영감에 관한 신학적 담론의 근본을 규정한다.

정경화 과정은 여전히 충분히 탐구되지 않았으며 쉽게 오해될 수 있다. 그리스도교가 유다교의 경전을 물려받았다는 주장은 절반만 진실이다. 원시 그리스도교는 예수가 성경 말씀을 '성취하였다'는 개념 없이 생겨날 수 없었다. 그러므로 그분을 믿는 모든 이는 히브리 성경을 형성한 계시와 영감을 재평가하기에 이르렀다. 이렇게 구약성경의 권위를 새롭게 확인하는 일은 단순히 성령의 영감을 받은 유다교 책들을 이어받는 것 이상의 의미를 내포한다. 그리스도교 역사의 첫 100년은 단순히 민족적·문화적 차원을 넘어선 신학적 논쟁으로 가득하다. 이는 유다교와의 일치를 향한 깊은 열망과 동시에 이스라엘과 교회 사이의 고통스러운 분리가 되돌릴 수 없는 사건이었다는 심오한 인식에 따른 것이었다. 바오로의 유다적·그리스도교적 정체성 아래에서 교회는 계속해서 "성경에 미리 기록된 것은 우리를 가르치려고 기록된 것입니다"(로마 15,4)라는 바오로의 말에 충실했다. 이에 반해 유다교는 매우 비슷한 방식으로 같은 성경들의 '배타적' 소유권을 주장했다. 두 입장은 수 세기 동안 서로 배타적으로 보였지만, 보다 에큐메니컬한 교회론에 맞게 제2차 바티칸 공의회는 유다교에 대한 새로운 접근을 시도하였고, 공유된 성경 안에서 모순보다는 풍성한 역설을 발견하기 시작했다.[58] 바오로는 이스라엘의 선택이 "신비"(로마 11,25)라고 말하면서, 그것을 교회의 선택과 하느님 구원 계획의 보편성 가운데 어느 하나를 선택하는 것으로 축소될 수 없다고 주장한다. 영감을 받은 성경은 성령의 선물이고, 성령은 그것을 통해 계속해서 마음을 움직이고 지성을 감화시켜 성경에 담긴 의미가 충만함을 믿게 하신다.

바오로는 분명하게 두 가지 주장을 한다. 첫째, 그는 자신에게 그리스도를 당신의 아들로 계시한 성부 하느님에게서 직접 복음을 받았다(갈라 1,16). 둘째, 그는 같은 그리스도가 모세와 예언자들을 통해 미리 예견되었다고 말한다. 하지만 바오로는 더 나아가 예수의 성자 지위의 온전한 의미는 부활한 그리스도의 영이 바오로를 일깨우셨듯 조명 받지 않으면 여전히 감추어져 있다고 설명한다(2코린 3,13-18 참조). 그러한 일깨움은 온전히 성부의 '호의'에 달려 있는 하느님 선물이다(갈라 1,15 참조). 신자들이 그리스도의 계시가 성경의 중심이며 궁극적 의미임을 알 수 있으려면 그러한 선물이 반드시 필요하다.

그러므로 '성경'의 채택은 교회가 그리스도에 대한 자신의 원래 신앙을 전파하고, 자신의 기원을 탈출 사건, 심지어 성조들과 연관 짓기 시작하던 교회의 탄생 때에 있었던 교회 창립 행위 가운데 하나였다. 유다인과 이방인으로 구성된 사도적 교회는 첫 그리스도인들이 칠십인역을 인정하고, 그것을 영감을 받은 정통 성경으로 받아들였을 때 이를 경험하였다. 칠십인역은 히브리어 성경을 그리스어로 번역한 성경이라는 점과 사도들이 오순절에 성령의 힘으로 깨우침을 얻은 뒤 예수가 그들을 파견했던 헬레니즘 세계의 이방인들이 사용하도록 그것이 제공되었다는 점, 모두 중요하다. 이 창립 행위는 문자주의를 거부하고 (히브리어) 원문을 문자 그대로 해석하는 것을 피한다는 뜻을 내포했다. 오히려 교회는 자유로운 마음으로 '유다 성경'을 받아들였고, 헬레니즘 번역가들의 이해에 주목하면서 본문의 온전한 의미를 탐구하였다. 헬레니즘 번역가들은 수많은 이문異文을 보존했고, 번역 과정에서 원문의 의미에 근접한 표현을 사용하려 했다. 그리고 히브리어 개념들을 그리스어 관용어로 번역하는 선구적인 작업을 수행하기도 했다. 칠십인역의 수용은 〈아리스테아스의 편지〉에 실린 일흔(또는 일흔두)명의 번역가들에 관한 기적 같은 이야기의 역사성을 믿는다는 것이 아니다. 그리스도인들과 유다인들은 이 전설을 후대에 전달했고, 사실상 칠십인역을 사용하는 모든 이가 그것을 받아들였다.[59] 최종적이고 결정적인 히브리 정경은 2세기에 확정되었다. 신약성경 정경이 확정되었던 것과 같은 시기에 비슷한 방식으로 그렇게 되었다. 이 과정이 소위 '얌니아(또는 야브네*Yabneh*) 공의회'에서 정점에 이르렀다는 주장은 점점 더 현대 학자들의 의심을 받는다. 하지만 두 차례의 유다 전쟁 뒤에 바리사이 유다교가 2세기 유다인들 사이에서 규범적 위치를 차지한 것은 사실이다. 바리사이 유다교가 성경 정경 문제를 확정하면서 칠십인역에 속해 있던 집회서, 유딧기, 에스테르기, 토빗기, 마카베오기 상·하권, 다니엘서와 예레미야서의 일부를 제외했다. 유다교가 원칙적으로 칠십인역의 모든 책 가운데 그리스어 원본이 존재하는 성경 본문만을 받아들였다는 주장은 정확하지 않다. 집회서는 히브리어에서 번역되었고 몇몇 다른 본문은 원래 아람어로 기록되었기 때문이다. 하지만 3세기부터 유다인들과 그리스도인들은 분명하게 정해진 성경을 갖게 되었다. 그들의 정경은 겹치는 부분이 있기는 했지만 동일하지는 않았다. 몇몇 교부는 그리스도교 정경과 유다 정경의 이러한 불일치에 주목했다. '분량이 더 많은' 구약성경 정경과 '짧은' 구약성경 정경의 구별 또한 그리스도교에 도입되었다. '분량이 많은 정경'에만 포함된 책들은 '제2정경'이라 불리기 시작했다.

두 명의 교부가 정경에 대한 그리스도교의 관점에 커다란 영향을 끼쳤다. 동방 교회와 서방 교회 모두에서 성경 문제에 관해 엄청난 권위를 가졌던 알렉산드리아의 오리게네스는 두 가지 영향을 끼쳤다. 그는 칠십인역의 모든 부분을 마음껏 인용했지만, 때로는 제2경전에 대해 낮은 등급의 지위만을 인정하는 듯했다. 라틴 교회의 공식 성경이 된 대중 라틴말 성경은 대부분 성 히에로니무스에게서 비롯되었다. 히에로니무스는 서방 교회에서는 오리게네스와 비슷한 영향력을 행사했지만 다른 길을 택했다. 그는 히브리어 본문을 헤브라이카 베리타스Hebraica veritas('히브리 진리')라 칭하며 그 우위를 단호히 주장했고, 이는 제2경전에 대한 의구심을 불러일으켰다. 그러나 대중 라틴말 성경은 히에로니무스의 권위를 바탕으로 결국 서방 교회의 그리스도교 정경이 되었고 트리엔트 공의회는 제2경전을 포함한 성경을 교회의 보편적 정경의 모델로 선언했다.

칠십인역이나 대중 라틴말 성경을 사용하는 교부들은 칠십인역이 원문이 아니라 번역본임을 의식했다. 그들은 제2경전을 제외하고 성경의 권위가 히브리어 본문에서 온다는 것을 알았다. 특정한 주석 논쟁들과 무관하게 본문의 이문들은 주목을 끌었고 다른 주석 전통들에 대한 증거로 존중받았다. 히브리어 본문과 그리스어(또는 라틴어) 본문 사이의 불일치를 근거로 교회에서 파문되는 일은 없었다. 하지만 오리게네스와 히에로니무스는 히브리어 연구를 장려한 반면에, 대다수의 교부(그리고 그들의 지역 교회들)는 여전히 한 가지 언어만을 사용했기에 번역된 성경을 읽었고 히브리어 원전을 연구할 수 있는 경우는 드물었다.

1948년 사해문서의 발견은 이러한 그림을 바꾸었다. 사해문서를 통해 히브리어 본문, 그리고 히브리어 본문과 칠십인역의 관계에 대한 지식이 갑자기 확장되었기 때문이다.[60] 마르키온의 시대부터 종교 개혁 시기까지 대략 14세기 동안 정경에 관한 논란 때문에 그리스도교 내부의 분열을 초래하는 일은 거의 없었다. 이러한 사실은 그리스도 교회가 받은 유다교의 유산을 고수하는 데 확고한 기초를 두었고, 제2경전에 관한 논쟁에 상대적으로 중요성을 부여하지 않았다는 것 모두를 보여 준다.

프로테스탄트 종교 개혁가들은 새로운 관점을 도입했다. 교회가 왜, 그리고 어떻게 본래의 순수성에서 벗어나게 되었는지를 묻던 그들은 구약성경 정경을 기꺼이 수정했다. 그들은 종종 구체적 문제들로 공격했다. 예를 들어, 전사한 병사들을 위한 속죄 제물을 바치려고 돈을 기부했다며 유다 마카베오를 칭송한 2마카 12,43-45의 권위를 의심했다. 그들은 해당 본문의 정경성을 부정함으로써, 가톨릭교회가 정경의 본래 순수성을 희석하고, 정경을 '불필요하게 확장'하여 신앙의 순수성을 훼손했다고 비판했다. 하지만 트리엔트 공의회는 동방 교회와 합의하여 제2경전을 받아들였던 피렌체 공의회의 결정을 유지하는 것 외에 다른 방도가 없었다. 트리엔트 공의회의 정경은 칠십인역의 목차를 따르고, 대중 라틴말 성경과 일치하는 구약의 '긴 판본'을 포함한다.

역사적 맥락을 제대로 따져 보자면, 트리엔트 공의회는 다양한 교부의 사조와 관습 사이에서 중재자로 행동한 것이 아니라, 종교 개혁가들이 사도 시대부터 존재했던 것처럼 상상한 '원래의 그리스도교 정경'으로 돌아가려는 꿈을 반박하려는 의도로 열린 회의였다. 하지만 가톨릭은 종교 개혁가들보다 더 많이 알거나, 더 많은 언어 지식을 가진 것도 아니었다. 그들은 그저 끊어지지 않고 이어 온 기억의 연속성 속에서 기록된 자신들의 살아 있는 전통을 고수했을 뿐이다. 이어지는 세기들에 가톨릭과 개신교 사이의 정경 논쟁은 계속되었지만, 근대에 들어 크게 잠잠해졌다. 이제 구약성경 정경에 대한 합의를 다시 확립하기 위해 새로운 교회일치운동이 일어날 필요가 있다.

주

01 Raymond Brown, *Introduction to the New Testament* (New York/London/Toronto/Sidney/Auckland: Doubleday, 1997), 123 참조.

02 "The Titles of the Gospels and the Gospel of Mark" in Martin Hengel, *Studies in the Gospel of Mark*, translated by John Bowden (London: SCM Press, 1985), 64-84 참조.

03 Stephen G. Dempster, "Torah, Torah, Torah: The Emergence of the Tripartite Canon," in Craig A. Evans and Emmanuel Tov, eds., *Exploring the Origins of the Bible* (Grand Rapids, Michigan: Baker Academic, 2008), 87-128 참조.

04 René Latourelle, S.J., *Theology of Revelation* (Cork: Mercier Press, 1968)을 보라.

05 역자주: peccatum (originale) originans는 죄지은 인류의 기원이 되는 죄, 곧 아담과 하와의 원죄를 가리키고, peccatum (originale) originatum은 인류의 조상에게서 기원하여 후대에게 상속되는 원죄, 곧 아담과 하와의 후손이 태어날 때부터 가지고 있는 원죄를 가리킨다.

06 Claus Westermann, *Genesis 1-11*, translated by John J. Scullion (Minneapolis: Fortress, 1994), 275-278 참조.

07 Claus Westermann, *Genesis 1-1* (Minneapolis: Fortress, 1994), 314 참조.

08 Council of Trent: (Dz 789) 참조.

09 Susan Indict, *Oral World and Written Word* (Westminster: John Knox Press, 1996)을 보라.

10 Stephen G. Dempster, "Torah, Torah, Torah: The Emergence of the Tripartite Canon" in Craig A. Evans and Emanuel Tov (eds.), *Exploring the Origins of the Bible: Canon Formation in Historical, Literary and Theological Perspective* (Grand Rapids, Baker Academic: 2008), 87-127 참조.

11 "*Deus Auctor Scripturae: Herkunft und Bedeutung der Formel*" in: Angelicum (1943), 16-31.

12 *Introductio Generalis in Sacram Scripturam* (Naples/Rome, 1950), 24.

13 Hans Urs von Balthasar, "Commentary on the Summa" II-II, 171-182; *Die Deutsche Thomas-Ausgabe*, vol. 23 (Wien: Pustet, 1958), 359 참조.

14 Raymond F. Collins, "Inspiration" in *The New Jerome Biblical Commentary* (Englewood Cliffs: Prentice Hall, 1990), 1024.

15 같은 책, 1039.

16 Helmut Gabel, *Inspirationsverständnis im Wandel, Theologische Neuorientierung im Umfeld des Zweiten Vatikanischen Konzils* (Understanding the Changing Concept of Inspiration, New Theological Orientation in the Field Surrounding the Second Vatican Council) (Mainz: Matthias Grünewald Verlag, 1991), 122-123.

17 Scott W. Hahn (ed.), "For the Sake of Our Salvation: The Truth and Humility of God's Word in: *Letter and Spirit* 6 (2010), 31, n. 52.

18 Joseph Geiselman, *Schrift und Tradition* (Freiburg in Breisgau: Herder, 1959).

19 Joseph Ratzinger, "Origin and Background," in his commentary of *Dei Verbum*: H. Vorgrimler (ed.), *Commentary on the Documents of Vatican II* (New York: Herder & Herder, 1969) vol. 2, 155를 보라.

20 *Über die Schriftinspiration* (Freiburg im Breisgau: Herder, 1958), 25.

21 Bruce Vawter, *Biblical Inspiration* (Philadelphia: Westminster, 1972)을 보라. 이렇게 훌륭한 성서학자조차 영감을 공동체의 은사로 이해하는 듯하다가도, '이중 저자 모델'을 주장하면서 그 사이를 왔다 갔다 한다. 하느님과 직접 글로 옮긴 인간 저자 사이에 엄격한 유비가 있다는 뜻에서 "하느님을 집필 저자"라 할 수 있다는 그의 주장은 성경의 영감을 적절하게 종합하는 데에 극복하기 어려운 장애물이다.

22 Matthew Levering, "Theology of Biblical Interpretation" in his *Participatory Exegesis* (Notre Dame, Indiana: University of Notre Dame Press, 2008) 참조.

23 *Sermones de diversis* 5,2 Jean Leclercq and Henri Rochais (eds.), *Sancti Bernardi Opera Omnia*, VI-1 (Rome: Editiones Cistercienses, 1970), 99. 여기에서 베르나르두스 성인은 아우구스티누스 성인의 말을 차용한다. *Enarr. in Ps* 44 (PL 36, 497) 참조: *Dicere Dei aeterunm est*.

24 *In Gen* 3:8 (Sermon 17, 1; PG 53, 134).

25 "Das Menschenbild des Origenes" in: *Eranos Jahrbuch* 15 (47) 197-248 참조.

26 Henri de Lubac, "Les incorporations du Logos" in his *Histoire et Esprit, L'intelligence de l'Écriture d'après Origène* (Paris: Aubier, 1950), 336 참조.

27 *In laudibus Virginis Matris* IV, 2 (ed. Leclercq-Rochais), vol. IV, 57.

28 Louis Bouyer, "Où en est le movement biblique?": *Bible et vie chrétienne* 13 (1956), 7-21 참조.

29 역자주: 로고스는 구원 역사의 행로 가운데 세상 안에 살고자 세상에 오신 하느님의 단일 언어 행위Speech-Act(언어 철학에서 '언어 행위'는 단순히 정보를 전달할 뿐만 아니라 어떤 행위를 실행하는 개인의 발화 행위를 뜻한다)이다.

30 Jean Leclercq, *L'amour des lettres et le désir de Dieu, Initiation aux auteurs monastiques du Moyen Âge* (Paris: Cerf, 1957), 72-73 참조.

31 Francis Martin and Sean McEvenue, "Truth Told in the Bible: Biblical Poetics and the Question of Truth," in: William R. Farmer (ed.) *The International Bible Commentary* (Collegeville, Minnesota: The Liturgical Press, 1998), 116-130 참조.

32 가톨릭에서 있었던 움직임을 요약한 글로는 Joseph Fitzmyer, The Biblical Commission's Document "The Interpretation of the Bible in the Church," *Subsidia biblica no. 18* (Rome: Pontifical Biblical Institute, 1995)을 보라.

33 Bruce Vawter, *op. Cit.*, 84-85 and 101 참조.

34 〈복음서의 역사적 진실에 관해*De Historica Veritate Evangeliorum*〉: AAS 56 (1964), 712-718.

35 *Über die Schriftinspiration* (Freiburg: Herder, 1958), 25 참조.

36 Ignace de la Potterie, "Reading Holy Scripture 'in the Spirit': Is the Patristic Way of Reading the Bible Still Possible Today?" *Communio* (1986), 3-4; Id., "'Interpretation of the Holy Scripture in the Spirit in Which It Was Written' (*Dei Verbum* 12c)" in: René Latourelle (ed.) *Vatican II: Assessment and Perspective Twenty Five Years After, (1962-1987)*, (New York, Paulist Press 1988), I, 220-266 참조.

37 드 뤼박의 *Histoire et Esprit* (Paris: Aubier, 1950), 336-355 참조. 후대에 관해 이야기할 때에는 주로 라틴 교회의 인물인 히에로니무스와 암브로시우스, 아우구스티누스, 그리고 많은 중세 저자를 이야기한다.

38 Mark S. Gignilliat, *A Brief History of Old Testament Criticism: From Benedict Spinoza to Brevard Childs* (Grand Rapids: Zondervan, 2012)를 보라. Francis Martin, *Sacred Scripture: The Disclosure of the Word* (Naples, Florida: Sapientia, 2006), 234와 Christopher R. Seitz, Richards Kent Harold (eds.), *The Bible as Christian Scripture: The Work of Brevard S. Childs* (Society of Biblical Lit, 2013)를 보라.

39 *In Gen.* III, 8; Hom. 17, 1 (PG 53, 134).

40 *In Gen* I, 4(PG 53, *col.* 34-35); *In Gen* II, 21 (*ibid. col.* 121); *In Gen.* III, 8 (*ibid. col.* 135); *Hom.* 15 *in Jn* I, 18 (PG 59, 97-98).

41 Thomas A. Heath, Jeremy Evans, and Paul Copan (eds.), *Holy War in the Bible: Christian Morality and and Old Testament Problem* (Downers Grove, IL: IVP Academic, 2013)을 보라.

42 In Gen. I, 4 (PG 53, col. 34-35); II, 21 (ib. col. 121); III, 8 (ib. col. 135); Hom. 15 in Joannem, ad. I, 18 (PG 59, col. 97-98) 참조.

43 Farkasfalvy, Denis, *Inspiration and Interpretation, A Theological Introduction to Sacred Scripture* (Washington, DC: Catholic University of America Press, 2013), 120-139 참조. 교부와 중세 주석에 대한 앙리 드 뤼박의 가르침을 개정한 내용은 드 뤼박의 *Scripture in the Tradition* (New York: Cross Road, 2000)에 포함된 Peter Casarella의 서문(xi-xxii)에 있다.

44 *Marcion: Das Evangelium vom fremden Gott. Eine Monographie zur Geschichte und Grundlegung der katholischen Kirche* (Leipzig: J. C. Heinrichs, 1924). 비판적 논평은 다음 논문에서 보라. David Balás, "Marcion Revisited" in W. Eugene March (ed.), *Texts and Testaments* (San Antonio: Trinity University Press, 1980), 95-108.

45 *Die Entstehung der christlichen Bibel* (Tübingen: Mohr, 1968)을 보라.

46 Harry Y. Gamble, *Books and Reader in the Early Church: History of Early Christian Texts* (New Haven, CT: Yale University Press, 1995)를 보라.

47 Clement of Rome nos 5, 42, 45; Ignatius of Antioch (Magn 9:2, 13:1, Philad 5:2, 8:3), Polycarp of Smyrna (Phil 6:3), Didache (11:3-4), the Letter of Barnabas (5:6-9), Second Clement (14:2) 참조.

48 Bo Reicke, *The Roots of the Synoptic Gospels* (Philadelphia: Fortress, 1986), 150, 155-156 참조.

49 Ephrem's de Nisibis, *Commentaire de l'Évangile concordant ou Diatessaron*, translated from Syriac and Armenian with introduction (tr. and ed. By Louis Leloir) in *Sources chrétiennes*, volume 121 (Paris: Cerf, 1966) 참조.

50 Helmut Merkel, *Die Pluralität der Evangelien als theologisches und exegetisches Problem in der alten Kirch* (The Multiplicity of the Gospels as a theological and exegetical problem in the ancient Church) (Frankfurt: Peter Lang, 1978) 참조.

51 *Historia ecclesiastica* IV, 14, 또한 AH III. 3.4 참조.

52 H.A. Musurillo, *The Acts of the Christian Martyrs* (Oxford: Clarendon, 1972) 참조.

53 T. C. Skeat, "Irenaeus and the Four-Gospel Canon" in: *Novum Testamentum* 34 (1992), 194-199.

54 알렉산드리아에서 그가 했던 활동에 관한 전승은 후에 나왔으며 그다지 믿을 만한 것이 못 된다. 그리고 무엇보다 이레네우스가 그러한 전승에 포함되었을 리 없다.

55 John J. Clabeaux, A Lost Edition of the Letters of Paul, *A Reassessment of the Text of the Pauline Corpus Attested by Marcion: The Catholic Biblical Quarterly Series 21* (Washington: The Catholic Biblical Association of America, 1989) 참조.

56 Y. Gamble, *The New Testament Canon: Its Making and Meaning* (Eugene, OR: Wipf and Stock, 2002) 참조.

57 David Trobisch, *Die Endredaktion des Neuen Testaments* (Freiburg, Switzerland: Universitätsverlag, 1996), 91-92 참조.

58 PBC의 2002년 문헌 *The Jewish People and Its Scriptures in the Christian Bible* with critical comments in *Communio* XXIX (2002), 735-737 참조.

59 R. Glenn Wooden, "The Role of the 'Septuagint' in the Formation of the Biblical Canon" in: Craig A. Evans and Emmanuel Tov (ed.) *Exploring the Origins of the Bible* (Grand Rapids, MI: Baker Academics 2008), 129-146 참조.

60 Emmanuel Tov, "The Relation between the Textual Witnesses" in Id. (ed.), *Textual Criticism of the Hebrew Bible* (Fortress/Van Gorcum: Minneapolis/Aassen, Maastricht: 1992), 135-151 참조.

참고 문헌

Balás, David. "Marcion Revisited." In *Texts and Testaments.* Edited by March, W. Eugene, 95-109. San Antonio: Trinity University Press, 1980.

Balthasar, Hans Urs von, Otto Herman Pesch, eds. "Commentary on the Summa" II-II. In *Die Deutsche Thomas-Ausgabe*, vol. 23, 171-182. Wien: Pustet, 1958.

Benoit, Pierre. *Prophecy and Inspiration.* New York: Herder, 1961.

Brooks, Roger and John J. Collins, eds. *Hebrew Bible or Old Testament?* Notre Dame, IN: Notre Dame University Press, 1990.

Clabeaux, John J. *A Lost Edition of the Letters of Paul, A Reassessment of the Text of the Pauline Corpus Attested by Marcion: The Catholic Biblical Quarterly Series 21.* Washington: The Catholic Biblical Association of America, 1989.

Collin, Raymond F, Raymond E. Brown, S.S.. Joseph A. Fitzmyer, S.J., Roland E. Murphy, O.Carm, eds. "Inspiration." In *The New Jerome Biblical Commentary,* pp. 1023-1033. Englewood Cliffs: Prentice Hall, 1990.

De la Potterie, Ignace. "Reading Holy Scripture 'in the Spirit': Is the Patristic Way of Reading the Bible Still Possible Today?" *Communio* (1986): 3-4.

____________. "'Interpretation of the Holy Scripture in the Spirit in Which It Was Written' (*Dei Verbum* 12c)." In *Vatican II: Assessment and Perspectives Twenty Five Years After (1962-1987)*, vol. I. Edited by René Latourelle, 220-266. New York: Paulist Press, 1988.

De Lubac, Henri. *Medieval Exegesis: The Four Senses of Scripture, I-IV.* Grand Rapids, MI: Eerdmans, 1998-2009.

____________. *Scripture in the Tradition.* New York: Cross Road, 2000.

____________. *History and Spirit.* San Francisco: Ignatius Press, 2007.

Dei Verbum, The Second Vatican Council's Dogmatic Constitution on Divine Revelation (November 18, 1965).

Dempster, Stephen G. "Torah, Torah, Torah: The Emergence of the Tripartite Canon." In *Exploring the Origins of the Bible.* Edited by Craig A. Evans and Emmanuel Tov, 87-128. Grand Rapids, MI: Baker Academic, 2009.

Farkasfalvy, Denis. *Inspiration and Interpretation: A Theological Introduction to Sacred Scripture.* Washington, DC: Catholic University of America, 2010.

____________. *A Theology of the Christian Bible: Revelation, Inspiration, Canon.* Washington, DC: Catholic University of America, 2018.

Gamble, Harry Y. *Books and Reader in the Early Church: History of Early Christian Texts.* New Haven, CT: Yale University Press, 1995.

Gignilliat, Mark S. *A Brief History of Old Testament Criticism: From Benedict Spinoza to Brevard Childs.* Grand Rapids: Zondervan, 2012.

Hahn, Scott W. ed. *Letter & Spirit, Vol. 6: For the Sake of Our Salvation: The Truth and Humility of God's Word.* Steubenville, OH; Emmaus Road, 2011.

Heath, Thomas A., Evans, Jeremy and Copan, Paul, eds. *Holy War in the Bible: Christian Morality and an Old Testament Problem.* Downers Grove, IL: IVP Academic, 2013.

Indict, Susan. *Oral World and Written Word.* Westminster: John Knox Press, 1996.

Latourelle, René, S.J. *Theology of Revelation.* Cork: Mercier Press, 1968.

Levering, Matthew. *Participatory Biblical Exegesis.* Notre Dame, IN: University of Notre Dame Press, 2008.

Martin, Francis and McEvenue, Sean. "Truth Told in the Bible: Biblical Poetics and the Question of Truth." In *The International Bible Commentary.* Edited by William R. Farmer, 116-130. Collegeville, MN: The Liturgical Press, 1998.

Rahner, Karl. *Inspiration in the Bible.* 2nd edn. New York: Herder, 1964.

Ratzinger, Joseph. "Origin and Background." [of *Dei Verbum*]. In *Commentary on the Documents of Vatican II*, vol. 3; 155-272. Edited by H. Vorgrimler, New York: Herder & Herder, 1969.

Reiki, Bo. *The Roots of the Synoptic Gospels.* Philadelphia: Fortress, 1986.

Seitz, Christopher R. and Richards Harold Kent Harold, eds. *The Bible as Christian Scripture: The Work of Brevard S. Childs.* Society of Biblical Lit, 2013.

Skeat, T. C. "Irenaeus and the Four-Gospel Canon." *Novum Testamentum* 34 (1992): 194-199.

Tov, Emmanuel, ed. *Textual Criticism of the Hebrew Bible*, 135-151. Fortress/Van Gorcum: Minneapolis/Aassen, Maastricht, 1992.

Vawter, Bruce. *Biblical Inspiration.* Philadelphia: Westminster, 1972.

Westermann, Claus. *Genesis 1-11*, translated by John J. Scullion. Minneapolis: Fortress, 1994.

Wooden, Glenn. "The Role of the 'Septuagint' in the Formation of the Biblical Canon." In *Exploring the Origins of the Bible.* Edited by Craig A. Evans and Emmanuel Tov, 129-146. Grand Rapids, MI: Baker Academics, 2008.

여성주의
성경 해석

바바라 E. 레이드 O.P. 지음

여성이 자신의 경험이라는 렌즈를 통해 성경을 해석하는 작업이 새로운 일은 아니다. 하지만 여성주의 성경 해석의 학문적 방법론은 최근 수십 년 사이에 발전하기 시작했다. 이 글은 여성주의feminist, 흑인 여성주의womanist, 남미 여성주의(뮤헤리스타mujerista), 생태 여성주의ecofeminist를 정의하고, 여성주의 성경 해석의 발전에 기여한 중요한 몇몇 인물의 작품을 살펴볼 것이다. 그리고 그들이 사용한 방법론을 설명하고 여성주의 성경 연구의 영향과 의미를 요약할 것이다.

1. 여성주의, 흑인 여성주의, 남미 여성주의, 생태 여성주의

'여성주의/여성주의 이론Feminism'이라는 용어는 여러 가지 방식으로 이해할 수 있다. 이 글에서는 여성에 대한 불평등을 인식하는 데서 출발하여, 인간과 창조 세계가 온전하게 발전하도록 관계를 맺는 양식과 구조를 바꾸는 관점과 운동을 가리키는 데에 이 용어를 사용할 것이다(Reid, "Introduction," xix). 거다 러너Gerda Lerner는 여성주의를 이렇게 정의한다.

> 여성들이 자신이 하위 집단에 속하고, 하나의 집단으로서 부당함을 겪어 왔다는 자각. 이러한 종속 상태가 자연스러운 것이 아니라 사회적으로 결정된 것임을 깨닫고, 부당함을 바로잡기 위해 다른 여성과 연대해야 한다는 인식. 마지막으로 여성과 남성 모두가 자율성과 자기 결정권을 누리는 사회조직에 관한 대안적 비전을 제시해야 하고 그렇게 할 수 있다는 의식(Lerner, 10).

가장 왕성한 저자이자 진보적인 여성주의 성서학자인 엘리자베스 쉬슬러 피오렌자Elisabeth Schüssler Fiorenza는 여성주의 해석학을 "wo/men(여성/남성)*의 이익을 위한 해석 이론과 기술 그리고 실천"으로 정의한다. 이러한 해석학은 "wo/men이 해석의 주체가 되고, 종교적 의미의 비판적 구성에 참여할 수 있게 하는 것을 목표로 한다. wo/men이 종교적·신학적 주체가 되는 권리를 되찾음으로써 여성주의 해석학은 해석 행위를 wo/men의 해방을 위한 투쟁의 한 단계로 재정립하고자 한다"(Russell and Clarkson, 99). 쉬슬러 피오렌자가 사용하는 wo/men이라는 표기는 "여성이 단일한 사회 집단이 아니라 인종과 계급, 종교, 이성애, 식민주의, 연령, 건강이라는 구조에 의해 분열되고 단절되어 있음을 나타내는" 것이다.[01]

초기에 여성주의자들은 대개 교육을 받은 북미와 유럽 백인 여

* 피오렌자가 남성 중심적 언어의 문제점을 의식하도록 만든 용어로 어떤 형태로든 억압을 경험하는 남녀 모두를 지칭하기 위해 사용한다.

성으로 구성되었고, 주로 성차별에 초점을 맞추었다. 오래 지나지 않아 인종, 계급, 문화, 종교, 그리고 그 밖에 다른 배경을 드러내는 표지들이 성별gender만큼이나 의미 형성에 결정적 역할을 한다는 인식이 생겼다. 앨리스 워커Alice Walker[02]를 따르는 아프리카계 미국인 여성주의자는 자신들을 흑인 여성주의자라 부르며, 흑인 여성이 경험하는 이중적 억압에 주목하기 시작했다. 마찬가지로 아다 마리아 이사시 디아스Ada María Isasi Díaz는 남미 여성주의자들을 가리키는 뮤헤리스타(스페인어로 '여성'을 뜻하는 무헤르mujer에서 비롯된 말)라는 용어를 만들어 냈다. 물론 어떤 이들(예를 들어 마리아 필라르 아퀴노María Pilar Aquino)은 라틴계 여성주의자Latina feminists라고 불리기를 선호한다. 세계 전역의 여성주의자들은 각자의 맥락에서 이해한 여성주의를 표현한다. 여성의 평등과 존엄을 위한 투쟁이 지구와 온 우주의 안녕을 위한 정의 추구 노력과 긴밀히 연결된다는 의식 또한 커지고 있다. 이러한 상호 연관성에 주목하게 하려고 많은 이가 자신을 생태 여성주의자라고 부른다.

많은 여성주의자가 가부장적 체계를 해체하고 평등한 세상을 건설하기 위해 여성과 협력하는 남성 또한 여성주의자라 불릴 수 있다고 말한다. 하지만 평등을 위한 투쟁에 여성과 같은 편에 서서 함께 일하는 남성 여성주의자들은, 자신이 여성처럼 오로지 성별 때문에 차별받는 체험을 하지 않음을 자각하고 있다.

2. 여성주의 운동

보통 미국에서는 여성주의에 세 번의 물결이 있었다고 본다. 첫 번째 물결은 19세기 중반에 일어나 20세기 초까지 지속되었다. 이 시기 여성주의는 여성이 공적 영역에 더욱 적극적으로 참여하고 투표권을 얻기 위한 노력에 중점을 두었다. 1960년대와 1970년대에 나타난 두 번째 물결은 여성의 시민권과 평등에 초점을 맞추었다. 1980년대부터 이어져 온 세 번째 물결은 여성의 평등을 위한 세계적 운동으로 초점을 넓히고 맥락의 중요성을 강조한다. 어떤 이들은 2013년 즈음에 시작된 네 번째 물결이 인터넷을 사용하여 여권 강화에 주목하고 있다고 주장한다. 이러한 현재 움직임에서는 성폭력과 성추행 근절, 동일 노동 동일 임금 보장, 신체 자율권에 점점 더 많은 관심을 기울인다.

최근 로마 가톨릭의 젊은 여성들을 중심으로 '새로운 여성주의'라 불리는 운동도 일어났다. 이는 요한 바오로 2세의 회칙 〈생명의 복음*Evangelium vitae*〉(1995)에 대한 응답이었다.

> 생명을 지원할 수 있도록 문화를 변모시키는 과정에서 여성도 사고와 활동을 통하여 중요한 위치를 차지하고 있으며, 그 위치는 독특하고도 결정적입니다. '남성 우월'의 표본들을 모방하려는 유혹을 거부하는 '새로운 여권주의new feminism'를 촉진하는 일은 여성들에게 달려 있습니다. 이 새로운 여권주의는 사회생활의 모든 측면에서 여성들

> 이 가지고 있는 진정한 재능을 인정하고 긍정하며 모든 차별과 폭력과 착취를 극복하려는 것입니다(《생명의 복음》, 99).

새로운 여성주의는 여성의 권리에 대한 강조에서 벗어나 여성의 본성에 초점을 맞추고 평등보다는 상호 보완이라는 신학적 인간학을 받아들인다. 그것은 아이를 낳고 집안을 돌보는 여성의 가치를 새롭게 평가하고 그것에 감사하는 마음을 갖게 한다. 새로운 여성주의는 다른 형태의 여성주의를 여성의 자기 결정에 대한 개인주의적 접근이라고 비판한다. 그들은 자율성보다는 상호 관계를 강조한다. 새로운 여성주의는 다른 이들이 가부장적이라고 보는 교회의 가르침에 도전하거나 비판하지 않는다. 해방주의 방법을 사용하는 여성주의자들은 이러한 접근법이 여성의 평등을 이루는 데에 필요한 체계적 변화를 일으킬 수 없다고 평가할 것이다. 새로운 여성주의가 등장했을 때와 같은 시기에 여성 서품 위원회 프로젝트인 '젊은 여성주의 네트워크 Young Feminist Network'가 출현했다. 로마 가톨릭 흑인 여성주의, 남미 여성주의, 여성주의를 지지하는 이삼십 대 여성으로 구성된 이 단체는 가톨릭 공동체와 전 세계에 포괄적이고 참여적인 구조를 구축하기 위한 활동에 초점을 둔다.

3. 여성주의 성경 해석의 선구자들

여성주의 성경 해석은 사회 전반에서 여성주의 운동이 발전하면서 전개되었다. 하지만 여성들은 당대에 여성주의 운동이 일어나기 훨씬 전부터 가부장적 성경 해석에 도전했다. 이러한 도전의 선구자는 헬리아 성녀로 4세기 성인전에 따르면 그녀는 기원후 2세기에 봉헌 생활을 했던 동정녀였다. 그녀의 부모는 혼인을 거부한 헬리아를 판사 앞에 데려갔는데, 판사는 그녀에게 바오로의 가르침을 상기시켰다. "욕정에 불타는 것보다 혼인하는 편이 낫습니다"(1코린 7,9). 그러자 헬리아는 이렇게 응답했다. "모든 이에게 그렇지는 않습니다. 다시 말해, 거룩한 동정녀에게는 그렇지 않습니다"(Lerner, 140에서 인용). 역사비평 분석법을 사용하는 현대 학자들처럼 헬리아는 성경 본문이 모든 상황에 적용될 수 있는 단 한 가지 의미를 지닌다는 생각에 의문을 제기했다.

같은 2세기에 살았던 유대 여성 베루리아는 "성경 주석에 대한 심오한 지식과 뛰어난 지적 능력"으로 전설이 된 인물이다.[03] 《바빌로니아 탈무드》(브라코트 *Berachot* 10a)에는 베루리아가 죄인의 파멸을 위해 기도하던 자기 남편 라삐 메이르에게 이의를 제기한 이야기를 들려준다. 그녀는 시편 104,35이 죄인이 아니라 죄의 파멸을 위해 기도하라고 가르친다고 주장했다.

오늘날 우리가 비평적 여성주의 관점으로 썼다고 보는 첫 번째 성경 주석서는 중세에야 등장했다. 다른 저술들이 있었다고 해도 우리에게는 전해지지 않는다. 가장 초기의 저술 가운데 하나는 독일의 저술가이자 신비가인 베네딕토 수녀원의 원장 힐데가르트 폰 빙엔(1098-1179)의 글이었다. 그녀는 창세기의 이야기들 속 남성과 여성이 상호 보완적이고 상호 의존적인 존재라고 이해했다. 하느님의 여성적 측면에 관해서도 자주 썼다(Lerner, 142-143). 그 시대의 다른 여성 신비가들, 곧 노리치의 줄리안(1342-1416년경)처럼 힐데가르트 폰 빙엔도 기도 중에 하느님의 계시를 직접 체험하고 권위 있게 이야기했다.

이 시대에는 성경을 옮겨 적는 여성 필사가들도 있었다. 잘 알려진 이는 베로나의 파울라 데이 만시Paula Dei Mansi(1288 이후 사망)로 그녀는 저명한 유대인 서기관 집안 출신이었다. 그녀는 부친이 쓴 성경 주석 모음을 히브리어에서 이탈리아로 번역했을 뿐만 아니라 설명을 덧붙이기도 했다. 또 다른 선구자인 크리스틴 드 피장Christine de Pizan(1365-1430년경)은 프랑스의 궁정 작가이자 많은 작품을 남긴 시인이었다. 그녀는 성경의 여성혐오적 해석을 타도하려고 우화와 상식을 활용했다. 그리고 성경 속 여성들의 업적을 열거하여 사회를 건설하는 데에 여성이 능동적 역할을 했다고 주장했다.

17세기에 이르러 많은 여성 작가가 성경 본문을 역사적 맥락에 맞게 이해하고 해석해야 한다고 주장했다. 예를 들어 칼뱅파 잉글랜드 시인인 레이첼 스페그트Rachel Speght(1597-1630년경)는 바오로가 "남자는 여자와 관계를 맺지 않는 것이 좋다"(1코린 7,1)라고 말해야 했던 1세기 코린토의 역사적 상황을 자세히 설명한다. 그녀는 성경 본문이 모든 시대, 모든 상황에 문자 그대로 적용되어서는 안 된다는 것을 보여 주고자 했다. 마찬가지로 영국 퀘이커교 친우회Religious Society of Friends의 창시자 가운데 하나인 마가렛 펠Margaret Fell(1614-1702)은 교회에서 여성의 발언을 막은 바오로의 금지 조항은 보편적 타당성이 없다고 주장했다. 그녀는 이 말씀이 특정 시대에 매인 지역 교회를 향한 것이니 당시 역사적 맥락에서 이해해야 한다고 주장했다. 1667년 런던에서 출간된 그녀의 주요 작품 《성경이 정당화하고 증명하고 허락한 여성의 말하기*Women's Speaking Justified, Proved and Allowed by the Scriptures*》는 여성과 관련된 모든 성경 본문에 대한 체계적 여성주의 해석을 제시한다.

성경 저술들의 역사적 맥락을 분석하는 작업과 함께 18세기와 19세기 여성들은 여성혐오적 해석을 부추기는 그릇된 번역에 초점을 맞추기 시작했다. 예를 들어 영국의 여성주의자 메리 애스텔Mary Astell(1666-1731)은 1700년에 《혼인에 관한 몇 가지 성찰*Some Reflections upon Marriage*》을 출간했다. 미국에서는 사우스 캐롤라이나에 노예를 소유한 집안 출신으로 퀘이커 교도였던 그림케Grimké 자매, 사라Sarah(1792-1873)와 안젤리나Angelina(1805-1879)가 성경을 스스로 해석하기 위해 그리스어와 히브리어를 배우기 시작했다. 노예제도에 반대하고 여성의 권리를 위해 목소리를 내는 여성들을 침묵시키려는 남성들의 반복적인 시도가 그들을 자극했다. 이 남성들은 성경(예를 들어 1코린 14,34)을 근거로 여성이 대중 앞에서 말하는 것을 막으려 했다. 또 다른 저명한 노예제 폐지론자이자 한때 노예였던 소저너 트루스Sojourner Truth(1797-1883년경)는 연설에서 성경을 자유롭게 인용하며 성 불평등을 뒷받침하는 문화적 전제와 성경 해석에 반기를 들었다. 그녀의 가장 유명한 연설 가운데 하나는 1851년 오하이오 아크론에서 열린 오하이오 여성 권리 집회에서 한 "난 여자가 아닌가?"라는 연설이다.

19세기 잉글랜드에서 등장한 또 다른 기념비적 작품은 유대인 신학자인 그레이스 아길라Grace Aguilar(1816-1847)가 쓴 책으로[04] 1845년에 출간되었다. 아길라의 접근법은 성경의 여성들과 당시 유대 여성들의 관심사를 연결 짓는 것이었다. 그녀는 당시 널리 퍼져 있던, 유대 율법에서 여성이 비하되고 그리스도교에서만 여성의 존엄성과 가치가 존중된다는 관념 역시 반박하고자 했다. 아길라의 작품이 성경에 대한 온전한 주석서는 아니지만, 잘 드러나지 않는 인물들을 포함해 성경에 등장하는 모든 여성을 종합적으로 다룬다는 점에서 돋보인다.

본격적인 여성주의 성경 주석을 쓴 최초의 인물은 엘리자베스 케이디 스탠턴Elizabeth Cady Stanton(1815-1902)이었다. 미국에서 여성 투표권을 위해 앞장서 활동했던 그녀는 여성이 정치와 교육, 또는 직업 세계에 진입하려고 할 때마다 사람들이 그것을 반대하며 성경을 인용한다는 사실을 발견했다. 그녀는 비슷한 생각을 가진 여성들과 함께 여성에 관한 성경의 모든 본문에 자신의 주석을 달았다. 1895년과 1898년에 두 권으로 출간된 선구적 작품 《여성의 성경*The Woman's Bible*》에서 그녀는 여성을 비하하는 본문들이 하느님이 아닌 그 본문을 쓴 남성들에게 온 것임을 인식하고 상식을 발휘하여 거룩하다고 제시된 것들을 재고하라고 여성들에게 촉구한다.

거의 한 세기가 지나 샤론 린지Sharon H. Ringe와 캐롤 뉴섬Carol A. Newsom이 책임 편집을 한 《여성의 성경 주석*The Women's Bible Commentary*》(Westminster John Knox Press, 1992)이 나왔다. 이 한 권짜리 주석서에는

개신교 정경에 포함된 성경 각 권에 대한 북미 여성주의 학자들의 글이 실려 있다. 케이디 스탠턴의 주석서처럼, 성경의 모든 부분이 아니라 여성과 관련된다고 여겨지는 부분만 풀이한다. 이 주석서는 1998년 개정 증보되어 외경/제2경전을 포함했고, 당시 전 세계의 여성주의 학자들이 참여했다. 2012년에 나온 개정 제3판은 여성주의 성서학이 그동안 거둔 엄청난 발전을 반영하면서 새로운 견해들도 담았다. 제2판과 제3판에서는 제목에 정관사 "*The*"가 빠졌다.

《여성의 성경 주석》 직후에 나온 또 다른 주요 저술은 엘리자베스 쉬슬러 피오렌자가 쉘리 매튜스Shelly Matthews의 도움을 받아 편집한 책인데 두 권으로 출간되었다. 1993년에 출간된 제1권은 교회일치, 종교 간 대화, 다문화 관점에서 시도된 여성주의 해석들을 종합하여 제시한다. 1994년에 나온 제2권은 신약성경 각 권에 대한 비평적 여성주의 주석을 제공한다. 유대교 외경 세 권과 다른 초기 그리스도교 저술 열한 작품에 대한 주석도 포함한다.

유럽에서도 비슷한 시도가 이어졌는데, 루이제 쇼트로프Luise Schottroff와 마리-테레즈 바커Marie-Theres Wacker가 편집한 한 권짜리 책이 그 예다.[05] 여기에는 성경 각 권에 대한 독일 여성주의 성경 해석, 외경과 성경 이외의 몇몇 저술에 대한 해석도 실려 있다. 제3판이 최근 영어로 번역되었다.[06] 현재 여러 권으로 된 《성경과 여성: 주해와 문화사 사전*The Bible and Women: An Encyclopaedia of Exegesis and Cultural History*》을 작업 중인데, 이름트라우드 피셔Irmtraud Fischer와 아드리아나 발레리오Adriana Valerio, 메르세데스 나바로 푸에르토Mercedes Navarro Puerto, 크리스티아나 데 그롯Christiana de Groot, 메리 앤 비비스Mary Ann Beavis가 편집에 참여했다. 이 작업은 서양 문화사에 깊이 스며 있는 성경의 수용 역사를 다루는데, 특히 젠더gender와 관련된 성경 주제들과 성경의 여성 인물들, 그리고 성경의 여성 독자들에 초점을 맞춘다. 이 책은 영어와 스페인어, 이탈리아어, 독일어로 출간된다.

또 다른 획기적인 작품은 《성경에 대한 여성주의자 안내서》[07] 시리즈이다. 아탈랴 브레너-이단Athalya Brenner-Idan이 편집한 이 시리즈는 모두 스무 권으로 구약성경을 다룬다. 자매 시리즈는 에이미-질 레빈Amy-Jill Levine과 마리안느 블리켄스타프Marianne Blickenstaff와 마리아 메이요 로빈스Maria Mayo Robbins가 편집한 《신약성경과 초기 그리스도교 문헌에 대한 여성주의자 안내서》[08]이다. 현재까지 열세 권이 출간되었다. 두 시리즈는 성경 각 권에 대한 온전한 주석서가 아니라 선별된 성경 본문에 대한 에세이 모음이다.

성경의 모든 권을 다룬 첫 번째 여성주의 성경 주석 시리즈는 바바라 레이드Barbara E. Reid가 교회일치와 다종교, 다문화를 추구하는 학자들과 함께 편집한 《위즈덤 주석*Wisdom Commentary*》 시리즈이다. 리투르지컬 프레스Liturgical Press가 출간하는 시리즈 전체 58권 가운데 제1권이 2015년에 나왔다.

여성주의 성서학자들의 작품들은 세계 곳곳에서 넘쳐나며 일일이 열거할 수 없을 만큼 많다. 오늘날 여성주의 성서학자들은 선배들의 연구를 바탕으로 자신의 연구를 쌓아 가고, 전에는 가능하지 않았던 방식으로 전 세계의 다른 여성주의 성서학자들과 연계한다. 최근 수십 년 사이에 성서학 박사 학위를 받은 여성의 숫자는 급격히 증가했다. 다수의 젊은 남녀 성서학자들이 여성주의 주제에 집중하며 여성주의 방법론은 더욱 발전하고 있다.

4. 여성주의 성경 해석의 방법론들

여성주의 성서학자들은 현대 성경 해석의 비평 방법론을 모두 활용한다. 역사비평, 신역사주의, 문학비평, 독자 중심적 접근, 내러티브, 수사학, 구조주의, 탈구조주의, 해체주의, 이데올로기, 탈식민주의, 자전적 접근, 행위 비평 등이 그러한 방법론이다. 여성주의자들은 여성이 겪는 일상, 혼인, 양육, 노동, 돈, 질병 등을 탐구하고자 사회학과 문화인류학의 방법론과 모델들을 사용한다. 여성주의 성서학자들의 공통점은 여성의 경험과 관점을 출발점으로 삼는다는 점이다.

여성해방주의 성서학자들은 자신들의 연구가 페루의 구스타보 구티에레스Gustavo Gutierrez와 우루과이의 후안 루이스 세군도Juan Luis Segundo, 브라질의 레오나르도 보프Leonardo Boff, 엘 살바도르에서 일했던 이그나시오 에야쿠리아Ignacio Ellacuría와 혼 소브리노Jon Sobrio와 같은 학자들에 의해 1960년대 라틴아메리카에서 시작하여 발전한 해방적 접근에서 비롯되었다고 본다. 해방신학자들은 신학적 사유의 중심에 가난한 이들의 경험을 두겠다고 선언했다. '가난한 이들을 위한 우선적 선택'이라는 유명한 선언은 여성의 경험을 해석의 중심에 두는 여성주의자들의 정신에 복제되었다. 해방신학자들은 세 가지 움직임 곧, 베르ver('보다'), 후스가르juzgar('판단하다'), 악투아르actuar('행동하다')로 구성된 방법론을 제시한다. 해방신학자들에게 성경 해석의 출발점은 본문이 아니라 사람들의 경험, 특히 인구의 다수를 차지하는 가난한 이들의 경험이었다. 그래서 빈곤과 억압의 원인을 밝히기 위한 사회적 분석을 한 뒤에야 본문으로 눈을 돌린다. 그러고는 현대의 모든 성서비평 도구를 활용하여 1단계에서 분석된 현실과 본문이 서로 대화하게 한다. 마지막 단계는 불평등한 상황을 바로잡기 위한 변혁적 행동에 나서는 것이다.

5. 지혜의 춤

여성해방주의 성서학자들도 비슷한 접근법을 사용해 왔다. 여성주의 방법론을 발전시키고 설명하는 데에 가장 앞장선 학자 가운데 하나인 엘리자베스 쉬슬러 피오렌자는 여성주의 해석의 일곱 단계에 대해 상세히 설명한다(《지혜의 길들*Wisdom Ways*》, 165-190). 그녀는 해석이라는 작업을 해방을 향해 나선형으로 나아가는 지혜의 춤에 비유한다. 이 춤은 일곱 개의 기본 스텝으로 구성되는데, 첫째 스텝은 경험의 해석학으로, 여성의 현실을 성찰한다. 여기에서 여성은 현시대의 여성과 성경 속 여성 모두를 포함하며, 이들은 젠더만이 아니라 인종과 문화, 계급, 연령, 민족을 포함하는 다중의 억압 구조에 매일 맞선다.

둘째 스텝은 지배와 사회적 위치의 해석학이다. 여기에서는 어떻게 맥락이 특정 성경 본문을 경험하게 하는지를 이해하고자 사회적·

문화적·종교적 위치를 검토한다. 억압적 구조를 합리화할 수도 있고 정의를 증진시킬 수도 있는 성경 본문의 잠재력을 분석하는 작업도 포함한다. 성경은 결코 중립적이지 않다. 현 상황을 정당화하거나 해방을 향한 길을 가리킨다.

세 번째 스텝은 의심의 해석학이다. 이 단계에서는 남성중심적 편견을 의식하면서 성경 본문을 검토한다. 곧 성경이 대부분 남성에 의해, 남성을 위해, 남성에 관해, 남성에게 유리하게 쓰였다는 것이다. 동일한 비평의 렌즈를 성경 주석과 '상식'이라 여겨지는 수많은 전제에도 적용해야 한다. 쉬슬러 피오렌자는 본문을 즉각 받아들이고 동의하고 복종하는 식으로 접근하기보다는 그것이 누군가의 안녕과 생존에 위험할 수 있음을 의식하면서 신중하게 본문에 다가가라고 조언한다.

비판적 평가의 해석학이 다음 스텝이다. 여기서 독자는 본문에 담긴 억압적 경향과 해방의 가능성을 모두 평가한다. 본문의 수행적 performative* 힘을 인지할 때 다음과 같은 질문이 제기된다. '본문은 그 세계관과 가치에 순종하는 이들에게 무엇을 하는가?' 이 질문은 주어진 본문에서 단번에 답할 수 없고 특정한 맥락마다 끊임없이 반복되어야 한다.

다섯째는 창조적 상상의 해석학이다. 이것을 통해 성경 해석자는 모든 이가 행복하고 정의로운 세상을 꿈꾸며 드라마, 음악, 춤, 시, 스토리텔링, 의식으로 상상의 나래를 펼쳐 새로운 가능성이 현실이

* 언어 행위 이론에서 흔히 '주장적'이라고 번역하는 constative와 대조를 이룬다. 아주 간략히 설명하면 '주장적' 명제나 진술, 단어는 어떤 상황을 묘사하는 반면, '수행적' 명제나 진술, 단어는 행위를 촉구한다.

되도록 한다. 이러한 움직임에 (여섯째 스텝인) 기억과 재구성의 해석학이 자리한다. 이것은 잊혔거나 억압된 여성의 전통을 되살리고 여성의 역사와 투쟁을 중심에 두는 것을 목표로 삼는다. 여성의 역사를 재구성하기 위한 전략은 다음과 같다. (1) 본문에 분명하게 언급되지 않을 때에도 여성이 역사에 참여하고 활동했다고 전제하기 (2) 여성이 실제로 수행하는 활동을 금지하는 규범적 본문과 현실에서 일어나는 일을 묘사하는 본문을 구별하기 (3) 지배적 관습뿐만 아니라 변화를 위한 대안적 운동이라는 관점에서도 본문과 정보를 문화적·종교적 환경에 맞게 맥락화하고 재구성하기. 기억의 해석학이 지닌 또 다른 측면은 그것이 여성의 승리를 기념할 뿐만 아니라 필리스 트리블Phyllis Trible이 '공포의 텍스트'라고 부른 메모리아 파시오니스memoria pasionis, 곧 고난의 기억을 포함한다는 것이다. '공포의 텍스트'는 여성과 다른 소외 계층이 겪은 형언할 수 없는 학대를 담고 있다. 이러한 기억은 끔찍한 학대의 원인을 밝히고 그러한 일이 다시는 일어나지 않도록 한다.

마지막으로 변화를 위한 변적적 행동의 해석학은 이 춤의 전체 목표이다. 이 단계는 새로운 인류와 새로운 지구 생태계, 그리고 새로운 종교 공동체에 대한 비전을 보여 준다. 여기에서 본문과 전통, 일상에 새겨진 지배와 종속 관계는 신앙 공동체에서 일하시는 하느님의 권능으로 평등과 존엄, 상호성의 관계로 변화한다. 쉬슬러 피오렌자가 보여 주듯 이러한 단계들은 선형적으로 진행되는 것이 아니라 춤을 추듯 끊임없이 나선형으로 원을 그리며 서로 얽혀 움직인다.

6. 본문 뒤의 세계, 본문의 세계, 본문 앞의 세계

여성주의의 성경 해석을 위한 포괄적 해석 이론이 발전하는 데 크게 기여한 작품은 산드라 슈나이더스Sandra M. Schneiders가 1991년에 출간한 《계시의 텍스트: 신약성경을 거룩한 경전으로 해석하기》[09]이다. 슈나이더스는 한스-게오르크 가다머Hans-Georg Gadamer와 폴 리쾨르Paul Ricoeur의 해석학 이론을 확장하여, 역사비평적 주석 분석과 본문의 영적 측면을 모두 아우르는 해석법을 발전시켰다. 그녀는 본문 뒤의 세계와 본문의 세계, 그리고 본문 앞의 세계를 탐색하기 위해 광범위한 주석과 비평 방법을 활용해야 하는 동시에, 해석 과정에 신앙의 관점이 반드시 필요하다고 주장한다. 쉬슬러 피오렌자처럼, 그녀 역시 성경 해석이 지적 깨우침만을 목표로 하는 것이 아니라 개인과 공동체의 변혁도 지향한다는 점에 관심을 기울인다.

7. 성경에서 간과된 여성을 되살리기부터 전체 본문의 수사학적 분석까지

초기 여성주의 성경 해석가들이 사용했고 오늘날에도 여전히 인기 있는 접근법 가운데 하나는 성경에서 간과되고 잊힌 여성의 이야기를 제대로 평가하는 것이다. 사실 그동안 구약성경과 신약성경, 특히 성경의 몇몇 책에 등장하는 여성에 대한 연구가 풍부하게 이루어졌다. 성경 속 여성의 사례가 현대 여성들에게 힘을 북돋아 줄 수 있지만, 동시에 이러한 접근법은 문제가 될 수 있다. 여성주의 성경 해석의 목적이 여성을 변론하는 것이 아니라, 온갖 복잡한 상황에서 여성이 수행한 역사적·문학적 역할을 회복하고 그것을 통해 배우는 것이기 때문이다. 성경 속 여성에 관한 몇몇 묘사는 순진하고 낭만적이다. 어떤 주석가들은 여성을 남성보다 우월하게 묘사하는 방식으로 성경 속 여성과 현대 여성 모두의 미덕을 칭송한다. 하지만 이러한 역차별은 모두를 위한 평등과 번영의 움직임을 가로막는다. 더 나아가 "명백한 남성 중심적 본문에서 긍정적인 이미지만 골라, 남성에게 유리하게 만들어진 인물들에서 그러한 이미지만 따로 분리해 낼 수 있다"는 생각에는 문제가 있다.[10] 오늘날 대부분의 여성주의자들은 앞에서 설명한 것들과 같은 더 복잡한 방법론을 사용한다. 이들은 성경 본문 전체를 고려하고 그것이 역사적으로나 현재에 여성(과 남성)에게 미치는 영향을 분석한다. 성경 속 여성들의 간과된 역사를 되살리는 일은 더 어려운 춤을 출 때 밟아야 할 하나의 스텝일 뿐이다.

8. 그리스도교 반유대주의의 위험

초기 여성주의자들의 저작에는 유대교를 악마화한 뒤에 예수(때로는 바오로)를 그리스도교 여성의 해방자로 그리는 경향이 있었다. 이러한 저작들에서 예수 시대 유다 여성들은 토라에 옭아매여 완전히 억압당하는 모습으로 묘사된다. 예수는 억압적이라고 여겨지는 율법의 신조를 전복하고 당시의 문화 규범에 어긋하는 행동을 함으로써 여성을 해방시킨 분으로 그려진다. 하지만 이러한 접근은 성경과 전통을 선별적이고 편파적으로 이해하는 데 근거한다. 율법에 명시된 여성을 위한 수많은 보호 규정과, 유다 여성들이 자기 삶을 어떻게 이끌어 갔는지에 대한 성경의 수많은 긍정적 묘사도 고려하지 않는다. 더구나 이런 식의 해석은 광범위한 일반화로, 모든 여성이 똑같은 현실을 공유한다는 지나치게 단순한 이미지를 그려 낸다. 사실 1세기 그리스-로마 세계에서 여성의 삶은 경제적·사회적 지위, 지리적 위치, 그리고 다른 여러 요소에 따라 매우 달랐다. 이러한 저작들은 예수의 고유성을 잘못 강조하면서 그분이 유다교 안에서 쇄신 운동을 이끈 충실한 유다인이었다는 사실을 제대로 보여 주지 못한다. 또 다른 문제는 초기 여성주의 저작들이 라삐들의 저술을 종종 인용하면서 훨씬 더 후대에 있었던 예수 시대의 말씀과 관습에 시대착오적으로 적용한다는 점이다. 사실 라삐가 여성혐오적 발언을 한 것만큼이나 교부들도 똑같이 억압적인 발언을 했다. 오늘날 대부분의 여성주의자들은 여성을 향한 예수의 태도가 "유대교에 '대한' 승리가 아니라 유대교 '안에' 있는 가능성을 드러낸다"는 것을 이해하라는 주디스 플래스코우Judith Plaskow의 충고에 귀를 기울인다.[11]

9. 권력 행위인 해석

여성주의자들은 처음부터 성경 해석을 권력 행위로 이해했다. 최근 수십 년 동안 여성주의 성서학자들은 다른 학문적 성서 연구에서 주장하는 가치중립성에 도전하는 윤리적·정치적 성경 해석 이론을 발전시켜 왔다. 몇몇 성경 기록이 제국의 권력에 의해 형성된 방식과 이것이 어떻게 계속해서 오늘날 독자의 자기 이해에 영향을 끼치는지도 분석해 왔다. 이들은 본문에 묘사된 상호작용을 제국의 맥락에서 드러내고, 비판하고, 평가하는 해석학적 접근법을 발전시켜 왔다. 그리고 그것이 현재를 사는 독자에게 어떤 의미가 있는지를 고찰한다. 여성주의자들은 성경 해석에서 식민 지배의 역학과 식민 지배를 받은 사람들의 사고방식도 분석한다. 곽 푸이란Kwok Pui-lan은 다음과 같이 설명한다. "탈식민주의 여성주의 성경 해석은 정체성 서사에서 젠더가 어떻게 활용되는지, 식민 지배자와 피지배자 사이의 권력 격차를 어떻게 다루는지, 그리고 사회 엘리트들이 통제할 수 있는 영역에서 가부장적 통제가 어떻게 강화되었는지 연구해야 한다."[12]

10. 젠더의 사회적 생성

젠더의 사회적 생성에 대한 분석은 여성주의 성경 해석의 핵심 특징이 되었다. 사라 그림케는 성별sex과 젠더gender의 차이를 처음으로 정의한 인물 중 하나였다. 그녀는 성별이 생물학적으로 결정되는 반면 젠더는 사회가 만들어 낸다고 인식했다. 그녀는 다음과 같이 주장했다. "지성도, 정신력도 성별로 구분되지 않는다. 남성의 의무와 여성의 의무, 남성의 영역과 여성의 영역에 대한 우리의 견해는 단지 시대와 국가에 따라 달라지는 자의적인 의견일 뿐이며, 오로지 오류를 범하는 인간의 의지와 판단에 달려 있다"(*Letters*, 60, Lerner, 163에서 인용).

더 최근에는 몇몇 여성주의자가 레즈비언lesbian, 게이gay, 양성애자bisexual, 트랜스젠더transgender, 퀴어queer(LGBTQ)의 관점에서 독해 전략을 발전시켰다. 이들은 지난 수 세기 동안에 출현한 범주들이 어떻게 시대착오적으로 성경 본문에 적용되어 오늘날의 판단에 영향을 끼쳤는지 보여 준다. 어떤 이들은 룻과 나오미, 또는 다윗과 요나단과 같은 인물들을 통해 성경 속 동성 관계에서 통찰을 얻는다. 전통적으로 성별에 합당한 행동gender behavior으로 여겨지는 기준을 벗어난 인물들이 등장하는 본문들을 살피는 것은 이 학자들이 사용한 또 다른 접근법이다.

11. 성경의 권위

엘리자베스 케이디 스탠턴과 같은 몇몇 여성주의자는 성경이 여성에게 여전히 권위 있는 문서로 간주될 수 있는지 의문을 제기해 왔다. 어떤 이들은 성경 자체가 여성 억압의 근원이라고 보면서 성경의 신성한 기원과 구원 약속을 부정하기도 한다. 예를 들어 메리 데일리 Mary Daly[13]는 성경과 성경을 성스럽게 받드는 종교 전통이 철저하게 남성 중심주의와 가부장제에 물들어 있어서 도저히 옹호할 수 없다고 결론을 내렸다. 다른 이들은 여성주의 관점에서 성경을 탐구하는 것이 신앙과 교회 공동체에 대한 헌신을 더욱 깊게 한다고 생각한다. 그러면서 성경이 모든 생명의 번영을 위한 변혁 작업에 도움이 된다는 사실을 깨닫는다.

12. 여성주의 주석의 수용

전 세계에서 여성주의 의식이 높아지면서, 여성을 비롯한 다른 취약한 사람들, 피조물, 지구를 향한 불평등과 폭력을 줄이기 위해 개인적 차원과 조직적 차원에서 사람들을 행동하도록 자극하는 중요한 원동력이 되었다. 정의를 위해 일하는 많은 신앙인에게 여성주의 방법론으로 해석된 성경은 없어서는 안 될 조력자이다. 하지만 정의를 위한 모든 활동이 그렇듯이 진보가 항상 순탄하지만은 않다. 여성주의자를 향한 대중의 반발backlash이 거듭되고, 그들의 학문은 종종 가볍게 여겨지고 간과되고 소외된다. 여성주의 학자들은 새로운 길을 개척하는 일과 남성 지배적 학계의 기대에 순응해야 하는 일 사이에서 힘겨운 시간을 보내며, 자신의 자리를 지키기 위해 애쓴다. 남성이 주도하는 교회 관련 기관에서 일하는 이들은 여성주의 관점이 환영받는 일이 두 배는 더 어렵다는 사실을 종종 알게 된다.

그런데도 불과 몇십 년 만에 여성주의자들은 성서학자들의 전문 분야에서 자리를 잡았다. 예를 들어 미국 가톨릭 성서 연합 산하에 있는 여성주의 성경 해석 특별 위원회는 30년 넘게 활발히 활동해 왔으며, 미국 성서학회 내의 비슷한 단체들도 마찬가지이다. 여성주의 성서학자들은 두 협회에서 지도자 역할을 맡았으며, 주요 학술지인 〈계간 가톨릭 성경*Catholic Biblical Quarterly*〉과 〈성경 문학 저널*Journal of Biblical Literature*〉의 회장과 책임 편집자로 활동하기도 했다.

가톨릭 신자들에게 중요한 순간은 1993년 교황청 성서위원회가 요한 바오로 2세 교황에게 제출한 문서에서 여성주의 방법론을 인정한 것이다. 〈교회 안의 성서 해석*The Interpretation of the Bible in the Church*〉이라는 제목의 이 문서는 "회칙 〈섭리의 하느님〉 발표 100주년과 회칙 〈성령의 영감〉 발표 50주년을 맞이하여, 현 상황에서 가톨릭 주석의 입장"을 밝히는 것을 목표로 했다.[14] 이 문서는 현대의 성경 해석 방법론과 접근법을 기술하고 평가하며, 해석학적 질문들을 탐색하고, 가톨릭 해석의 특징들과 교회 내 성경 활용법 등을 열거한다. 문서가 기술하고 평가하는 새로운 방법론 가운데 하나가 여성주의 접근법이다.

문서는 "여성해방 성서 주석은 긍정적인 많은 결실을 맺었다. 여성들이 주석 연구에 더 활발하게 참여하게 되었다. 그들은 흔히 성서 안에서, 그리스도교 기원 역사 안에서 그리고 교회 안에서 여성들의 현존과 중요성과 역할을 밝히는 데 남성들보다 더 큰 성공을 거두었다. 여성의 존엄성에 그리고 사회와 교회 안에서 맡고 있는 여성의 역할에 더 큰 관심을 보이고 있는 현대 문학의 지평은 성서 본문에 새로운 질문들을 제기하게 하고 새로운 재발견의 계기를 마련하게 한다. 여성 특유의 감수성은 남성의 여성 지배를 정당화하는 경향을 보이고 또 그 정당화를 추구하는 일부 통상적 해석을 밝혀내고 교정하게 한다"[15]라고 밝힌다. 예상할 수 있듯이, 여성주의 성경 해석의 긍정적 기여에 대한 이러한 지지에 덧붙여 다음과 같은 경고도 있다. "여성해방 주석은 때때로 교회 내 권력에 대한 문제를 제기한다. 이것은 알다시피 논쟁의 대상이고 심지어는 대결의 문제이다. 이러한 영역에서 여성해방 성서 주석은, 자신이 폭로하는 바로 그 함정에 빠지지 않는 한, 그리고 권력은 바로 봉사라는 복음의 가르침 곧 예수님께서 모든 남녀 제자들에게 주신 가르침을 저버리지 않는 한, 교회에 유익할 수 있다."[16] 교황청 성서위원회의 모든 위원이 이 마지막 단락을 포함하는 데에 동의한 것은 아니었다. 투표에 참여한 19명 가운데 11명은 찬성, 4명은 반대, 4명은 기권했다. 이 단락의 각주에는 다음과 같은 설명이 있다. "반대표를 던진 위원들은 투표의 결과를 본문과 더불어 공표하도록 요청했고 위원회는 이에 동의하였다."[17]

이 문서가 발표된 이후, 여성주의 성경 해석의 방법론과 활용에 훨씬 더 많은 발전이 있었다. 그래서 문서에 실린 방법론에 대한 설명은 다소 시대에 뒤처졌다. 하지만 교회가 여성주의 성경 해석이 주는 유익을 인정했다는 사실은 가톨릭 신자들 사이에서 오해와 두려움을 가라앉히는 데 도움이 되었다. 여성주의 성경 해석은 이제 가톨릭과 개신교, 유대교 학계에서 확고한 지위를 차지하며 존중받게 되었다. 그리고 신자들은 이 해방적 해석법의 유익을 누리고 있다.

주

01 Schüssler Fiorenza, *Jesus: Miriam's Child, Sophia's Prophet: Critical Issues in Feminist Christology* (New York: Continuum, 1994), 24.

02 *In Search of Our Mother's Gardens: Womanist Prose* (New York: Harcourt Brace Jovanovich, 1967, 1983).

03 Judith R. Baskin, "Women and Post-Biblical Commentary," in *The Torah. A Women's Commentary* (ed. Tamara Cohn Eskenazi and Andrea L. Weiss; New York: Women of Reform Judaism, Federation of Temple Sisterhood, 2008): xii.

04 《하느님 말씀을 바탕으로 히브리 여성들의 과거 역사와 현재의 의무, 미래의 운명을 설명하는 성경과 유대 역사 속 이스라엘 여성, 또는 인물과 스케치*The Women of Israel or Characters and Sketches from the Holy Scriptures and Jewish History. Illustrative of the Past History, Present Duty, and Future Destiny of the Hebrew Females, as Based on the Word of God*》.

05 《페미니스트 성경 해석 개론*Kompendium Feministische Bibelsauslegung*》 (Gütersloh: Gütersloher Verlagshaus, 2007).

06 *Feminist Biblical Interpretation. A Compendium of Critical Commentary on the Books of the Bible and Related Literature* (Grand Rapids, MI: Eerdmans, 2012).

07 *The Feminist Companion to the Bible* (Sheffield: Sheffield Academic Press, 1993-2001).

08 *Feminist Companion to the New Testament and Early Christian Writings* (Sheffield: Sheffield Academic Press, 2001-2009).

09 *The Revelatory Text: Interpreting the New Testament as Sacred Scripture.*

10 Cheryl Exum, "Second Thoughts about Secondary Characters: Women in Exodus 1,8-2,10" in *A Feminist Companion to Exodus to Deuteronomy*, FCB 6 (Sheffield: Sheffield Academic Press, 1994), 76.

11 "Anti-Judaism in Feminist Christian Interpretation," in Schüssler Fiorenza, *Searching*, 1.124.

12 *Postcolonial Imagination & Feminist Theology* (Louisville, KY: Westminster John Knox, 2005), 9.

13 *Beyond God the Father. A Philosophy of Women's Liberation* (London: The Women's Press, 1986).

14 198쪽; 이 쪽수와 이어지는 쪽수는 한국천주교중앙협의회에서 발행한 〈가톨릭교회의 가르침〉(1996, 제1권 제1호)에 실린 '교회 안의 성서 해석'의 쪽수를 따른다 - 편집자 주.

15 같은 책, 233-234쪽 - 편집자 주.

16 같은 책, 234쪽 - 편집자 주.

17 같은 책, 234쪽, 각주 3 - 편집자 주.

참고 문헌

Aquino, María Pilar. And María José F. Rosado Nunes, eds. *Feminist Intercultural Theology: Latina Explorations for a Just World*. Maryknoll, NY: Orbis, 2007.

Brenner, Athalya, ed. *Feminist Companion to the Bible* series. 20 vols. Sheffield: Sheffield Academic Press, 1993–2015.

Isasi-Díaz, Ada María. *Mujerista Theology: A Theology for the Twenty-First Century*. Maryknoll, NY: Orbis, 1996.

Lerner, Gerda. *The Creation of Feminist Consciousness. From the Middle Ages to Eighteen-Seventy*. New York: Oxford University Press, 1993.

Levine, Amy-Jill, ed. with Marianne Blickenstaff. *A Feminist Companion to the New Testament and Early Christian Literature*. 13 vols. Sheffield: Sheffield Academic Press, 2001–2009.

Newsom, Carol., Sharon Ringe, and Jacqueline Lapsley, eds. *Women's Bible Commentary*. 3rd edn. Louisville, KY: Westminster John Knox, 2012.

Pilarski, Ahida Calderón. "A Latina Biblical Critic and Intellectual: At the Intersection of Ethnicity, Gender, Hermeneutics, and Faith." In *Latino/a Biblical Hermeneutics: Problematics, Objectives, Strategies*. Edited by Francisco Lozada, Fernando F. Segovia and Ahida Calderón Pilarski, 231–248. Atlanta, GA: SBL Press, 2014.

Reid, Barbara E. "Feminism." In *The Oxford Encyclopedia of the Bible and Ethics*. 2 vols. Edited by Robert L. Brawley. Oxford: Oxford University Press, 2015, accessible at: https://www-oxfordreference-com.ctu.idm.oclc.org/view/10.1093/acref:obso/9780199829910.001.0001/acref-9780199829910-e-103?rskey=XgtliJ&result=103. 위의 글 일부는 이 작품에 바탕을 둔 것임.

____________. *Wisdom's Feast: An Invitation to Feminist Interpretation of the Scriptures*. Grand Rapids, MI: Eerdmans, 2016.

____________. "Editor's Introduction: '*She Is a Breath of the Power of God' (Wis 7:35)*." *In Hebrews*. By Mary Ann Beavis and HyeRan Kim-Cragg. Edited by Linda M. Maloney. Xvii–xxxv. WCS 54. Collegeville, MN: Liturgical Press, 2015. 이 글은 이어지는 시리즈의 모든 책에 나온다. 위 글의 일부는 이 작품에 바탕을 둔 것임.

Russell, Letty M. and J. Shannon Clarkson, eds. *Dictionary of Feminist Theology*. Louisville, KY: Westminster John Knox, 1996.

Schneiders, Sandra M. *The Revelatory Text: Interpreting the New Testament as Sacred Scripture*. 2nd edn. HaperSanFrancisco, 1991; Collegeville, MN: Liturgical Press, 1999.

Schüssler Fiorenza, Elisabeth, ed. *Searching the Scriptures.* 2 vols. New York: Crossroad, 1993, 1994.

___________. *Wisdom's Ways. Introducing Feminist Biblical Interpretation.* Maryknoll, NY: Orbis, 2001.

Trible, Phyllis. *Text of Terror: Literary-Feminist Readings of Biblical Narrative.* OBT 13. Philadelphia, PA: Fortress, 1994.

옮긴이의 말

데니스 파르카스팔비Denis Farkasfalvy 신부는 헝가리에서 태어나 지르크에 있는 시토회 수련원에 입회했고, 1956년에 헝가리 혁명이 일어나자 당시 수련원장과 수도원장의 조언에 따라 헝가리를 떠나 로마에서 수학했다. 성 안셀모 대학에서 '클레르보의 성 베르나르두스 신학에서 성경의 영감'이라는 주제로 박사 학위를 받은 그는, 2020년 5월 코로나로 세상을 떠날 때까지 계시와 영감, 정경에 관한 연구에 천착하며 그와 관련된 다양한 저술 활동을 했다.

〈성령의 영감〉은 데니스 파르카스팔비 신부가 평생에 걸쳐 수행한 연구를 집약한 글이라 할 수 있다. 여기서 다루는 주제들에 익숙하지 않은 독자는 이 글이 다소 어렵다고 느낄 수 있다. 허락된 지면에 비해 다루는 분야가 광범위하고 저자의 박식함이 독자를 압도하기 때문이다. 하지만 집중력을 유지하며 글 전체를 찬찬히 읽다 보면, 계시와 영감, 그리고 정경 형성이 하느님께서 당신 말씀을 세상에 드러내시는 장대한 단일 과정의 일부라는 저자의 논지를 파악할 수 있을 것이다. 저자의 사상을 좀 더 온전히 알고 싶다면 2018년 출간된 그의 저서 〈*A Theology of the Christian Bible: Revelation - Inspiration - Canon*〉을 읽어 보기를 권한다.

바바라 E. 레이드Barbara E. Reid 수녀는 Catholic Theological Union의 명예 교수로서 30년 넘게 미국 신학교 연합에서 활발히 활동해 온 학자이자 활동가이다. 무엇보다 저자는 여성주의 성경 해석을 대표하는 여성 신학자 중 한

명이며, 여성주의 성경 해석을 적용한 〈위즈덤 주석 시리즈*Wisdom Commentary Series*〉의 총괄 편집자이다. 이 시리즈는 지금까지 58권이 출간되었고 앞으로도 출간을 이어 갈 계획이다.

〈여성주의 성경 해석〉은 여성주의 성경 해석의 역사와 현재를 간략히 살피고, 방법론과 대표적 이론을 간결하게 설명한다. 또한 이러한 해석이 직면한 어려움이나 비판의 적절한 수용, 그리고 앞으로의 과제 등을 솔직하면서도 담백하게 서술한다. 따라서 이 책은 여성주의 성경 해석에 대해 알고자 하는 이들에게 훌륭한 입문서가 될 것이다.

윤성희 이냐시오